L'EUPHORIE PERPÉTUELLE

Né en 1948 à Paris, Pascal Bruckner passe son enfance en Suisse et en Autriche. Diplômé d'une maîtrise de philosophie, d'un doctorat de lettres sous la direction de Roland Barthes, il intervient dans les universités de San Diego et de New York en tant que *visiting professor*. Chargé de cours à l'Institut d'études politiques de Paris depuis 1990, Pascal Bruckner collabore au *Nouvel Observateur*. Il a beaucoup voyagé en Asie, surtout en Inde.

A la fois romancier et essayiste, on lui doit notamment : *Monsieur Tac* (1976), *Lunes de fiel* (1981), adapté au cinéma par Roman Polanski, *Parias* (1985), *Le Palais des claques* (1986), *Le Divin Enfant* (1992) et *Les Voleurs de beauté* (prix Renaudot, 1997). Parmi ses essais, retenons *La Mélancolie démocratique* (1990), *Le Sanglot de l'homme blanc* (1983) et *La Tentation de l'innocence* (prix Médicis de l'essai, 1995). Il est également l'auteur de deux contes : *Les Ogres anonymes* et *L'Effaceur*.

PASCAL BRUCKNER

L'Euphorie perpétuelle

Essai sur le devoir du bonheur

GRASSET

A ma mère

« Il est des êtres sur qui le bonheur s'acharne comme s'il était le malheur et il l'est en effet. »

François Mauriac.

INTRODUCTION

La pénitence invisible

En 1738 le jeune Mirabeau adresse une lettre à son ami Vauvenargues où il lui reproche de se laisser vivre au jour le jour, de ne pas faire de programme de bonheur : « Eh quoi, mon cher, vous pensez continuellement, vous étudiez, rien n'est au-dessus de la portée de vos idées et vous ne songez pas un moment à vous faire un plan fixe vers ce qui doit être notre unique objet : le bonheur. » Et Mirabeau d'énoncer à son correspondant sceptique les principes qui dirigent sa conduite : se défaire des préjugés, préférer la gaieté aux humeurs, suivre ses inclinations tout en les épurant[1]. On peut rire de cet enthousiasme juvénile. Enfant d'un temps qui prétendait réinventer l'homme et chasser les pestilences de l'Ancien Régime, Mirabeau se soucie de sa félicité comme d'autres avant lui du salut de leur âme.

Avons-nous tellement changé ? Imaginons les Mira-

---

1. Cité in Robert Mauzy, *L'Idée de bonheur dans la littérature et la pensée française au XVIIIe siècle*, Albin Michel, 1979, pp. 261-262.

beau d'aujourd'hui : jeunes gens ou jeunes femmes de tous milieux, de toutes opinions, anxieux d'inaugurer une ère nouvelle et de tirer un trait sur les décombres d'un xxe siècle effrayant. Ils se lanceraient dans l'existence avides d'exercer leurs droits et d'abord de construire leur vie comme ils l'entendent, certains qu'une promesse de plénitude a été adressée à chacun d'eux. On leur aurait dit dès le plus jeune âge : *Soyez heureux* puisqu'on ne fait plus d'enfants aujourd'hui pour leur transmettre des valeurs ou un héritage spirituel mais pour multiplier le nombre des épanouis sur terre.

Soyez heureux ! Sous son air aimable, y a-t-il injonction plus paradoxale, plus terrible ? Elle formule un commandement auquel il est d'autant plus difficile de se soustraire qu'il est sans objet. Comment savoir si l'on est heureux ? Qui fixe la norme ? Pourquoi faut-il l'être, pourquoi cette recommandation prend-elle la forme de l'impératif ? Et que répondre à ceux qui avouent piteusement : je n'y arrive pas ?

Bref ce privilège paraîtrait vite un fardeau à nos jeunes gens : se découvrant seuls comptables de leurs revers ou de leurs succès, ils constateraient que le bonheur tant attendu les fuit à mesure qu'ils le poursuivent. Ils rêveraient comme tout le monde de la synthèse admirable, celle qui cumule réussite professionnelle, amoureuse, morale, familiale et au-dessus de chacune, telle une récompense, la satisfaction parfaite. Comme si la libération de soi, promise par la modernité, devait se couronner du bonheur, lequel est le diadème qui coiffe le processus. Mais la synthèse se déferait à mesure qu'ils l'élaborent. Et ils vivraient la promesse d'enchantement non comme une bonne nouvelle mais comme une dette à une divinité sans visage dont ils ne finiraient pas de s'acquitter. Les mille merveilles annoncées n'arriveraient qu'au compte-gouttes et dans le désordre, rendant plus âpre la quête, plus lourde la gêne. Ils s'en voudraient de ne pas correspondre au barème établi, de déroger à la règle. Mirabeau pouvait encore rêver, tirer des plans sur la comète. Près de trois siècles plus tard, l'idéal un peu exalté d'un aristocrate des Lumières s'est transformé en pénitence. Nous avons tous les droits désormais sauf de ne pas être béats.

Rien de plus vague que l'idée de bonheur, ce vieux mot prostitué, frelaté, tellement empoisonné qu'on voudrait le bannir de la langue. Depuis l'Antiquité il n'est rien d'autre que l'histoire de ses sens contradictoires et successifs : déjà saint Augustin en son temps dénombrait pas moins de 289 opinions diverses sur le sujet, le XVIIIe siècle lui consacrera près de cinquante traités et nous ne cessons de projeter sur les époques anciennes ou sur d'autres cultures une conception et une obsession qui n'appartiennent qu'à la nôtre. Il est dans la nature de cette notion d'être une énigme, une source de disputes permanentes, une eau qui peut épouser toutes les formes mais qu'aucune forme n'épuise. Il est un bonheur de l'action comme de la contemplation, de l'âme comme des sens, de la prospérité comme du dénuement, de la vertu comme du crime. Les théories du bonheur, disait Diderot, ne racontent jamais que l'histoire de ceux qui les font. C'est une autre histoire qui nous intéresse ici : celle de la volonté de bonheur comme passion propre à l'Occident depuis les Révolutions française et américaine.

Le projet d'être heureux rencontre trois paradoxes. Il porte sur un objet tellement flou qu'il en devient intimidant à force d'imprécision. Il débouche sur l'ennui ou l'apathie dès qu'il se réalise (en ce sens le bonheur idéal serait un bonheur toujours assouvi, toujours renaissant qui éviterait le double piège de la frustration et de la satiété). Enfin il élude la souffrance au point de se retrouver désarmé face à elle dès qu'elle resurgit.

Dans le premier cas l'abstraction même du bonheur explique sa séduction et l'angoisse qu'il génère. Non seulement nous nous méfions des paradis préfabriqués mais nous ne sommes jamais sûrs d'être vraiment heureux. Se le demander, c'est déjà ne plus l'être. De là que l'engouement pour cet état soit lié aussi à deux attitudes, le conformisme et l'envie, les maladies conjointes de la culture démocratique : l'alignement sur les plaisirs majoritaires, l'attraction pour les élus que la chance semble avoir favorisés.

Dans le second le souci du bonheur est contemporain en Europe, dans sa forme laïque, de l'avènement de la banalité, ce nouveau régime temporel qui se met en place à l'aube des temps modernes et voit triompher la vie profane, réduite à son prosaïsme, après le retrait de Dieu. La banalité ou la victoire de l'ordre bourgeois : médiocrité, platitude, vulgarité.

Enfin un tel objectif, en visant à éliminer la douleur, la replace malgré lui au cœur du système. Si bien que l'homme d'aujourd'hui souffre aussi de ne plus vouloir souffrir exactement comme on peut se rendre malade à force de chercher la santé parfaite. Notre temps raconte d'ailleurs une étrange fable : celle d'une société tout entière vouée à l'hédonisme et à qui tout devient irritation, supplice. Le malheur n'est pas seulement le malheur : il est, pire encore, l'échec du bonheur.

Par devoir de bonheur, j'entends donc cette idéologie propre à la deuxième moitié du XXe siècle et qui pousse à tout évaluer sous l'angle du plaisir et du désagrément, cette assignation à l'euphorie qui rejette dans la honte ou le malaise ceux qui n'y souscrivent pas. Double postulat : d'un côté tirer le meilleur parti de sa vie ; de l'autre s'affliger, se pénaliser si l'on n'y parvient pas. Perversion de la plus belle idée qui soit : la possibilité accordée à chacun de maîtriser son destin et d'améliorer son existence. Comment un mot d'ordre émancipateur des Lumières, le droit au bonheur, a-t-il pu se transformer en dogme, en catéchisme collectif ? Telle est l'aventure que nous tenterons de retracer ici.

Si multiples sont les significations du Bien suprême qu'on le fixe alors sur quelques idéaux collectifs : la santé, la richesse, le corps, le confort, le bien-être, comme autant de talismans sur lesquels il devrait venir se poser à la manière d'un oiseau sur un appât. Les moyens prennent rang de fins et révèlent leur insuffisance dès lors que le ravissement recherché n'est pas au rendez-vous. Si bien que, cruelle méprise, nous nous éloignons souvent du bonheur à travers les moyens mêmes qui devraient nous permettre de l'approcher. D'où les bévues fréquentes à son sujet : qu'on doit le revendiquer comme un dû, l'apprendre comme une matière scolaire, le construire à la façon d'une maison ; qu'il s'achète, se monnaye, que d'autres enfin le possèdent de source sûre et qu'il suffit de les imiter pour baigner tout comme eux dans la même aura.

Contrairement à un lieu commun inlassablement répété depuis Aristote – mais chez lui le terme avait un autre sens – il n'est pas vrai que nous recherchions tous le bonheur, valeur occidentale et historiquement datée. Il en est d'autres, la liberté, la justice, l'amour, l'amitié qui peuvent primer sur celle-là. Et comment savoir ce que cherchent tous les hommes depuis l'origine des temps sauf à verser dans la généralité creuse ? Il ne s'agit pas d'être contre le bonheur mais contre la transformation de ce sentiment fragile en véritable stupéfiant collectif auquel chacun devrait s'adonner sous les espèces chimiques, spirituelles, psychologiques, informatiques, religieuses. Les sagesses et les sciences les plus élaborées doivent avouer leur impuissance à garantir la félicité des peuples ou des individus. Celle-ci, chaque fois qu'elle nous effleure, nous fait l'effet d'une grâce, d'une faveur, non d'un calcul, d'une conduite spécifique. Et l'on connaît peut-être d'autant plus les bontés du monde, la chance, les plaisirs, la bonne fortune que l'on a déserté le rêve d'atteindre la béatitude avec une majuscule.

L'on aurait d'ores et déjà envie de répondre au jeune Mirabeau : j'aime trop la vie pour ne vouloir être qu'heureux !

PREMIÈRE PARTIE

Le paradis est là où je suis

Chapitre I

LA VIE COMME SONGE ET MENSONGE

> « Ce monde n'est qu'un pont. Traverse-le mais n'y construis pas ta demeure. »
>
> Henn. Apocryphes, 35.

> « Heureux les affligés car ils seront consolés. »
>
> Les Béatitudes.

UN CHRÉTIEN EST UN HOMME DE L'AUTRE MONDE (Bossuet)

On procédait au xve siècle en France et en Italie à des autodafés collectifs où sur « des bûchers de plaisir » les hommes et les femmes de leur plein gré et en signe de renoncement aux vanités venaient jeter aux flammes cartes à jouer, livres, bijoux, perruques, parfums[1]. C'est qu'en cette fin du Moyen Age, taraudée par une forte passion de la vie, le doute n'était pas per-

_____

1. Johan Huizinga, *L'Automne du Moyen Age*, Petite Bibliothèque Payot, 1975, p. 15.

23

mis : il n'est de plénitude qu'en Dieu et hors de Dieu que tromperie et dissimulation. Il fallait donc à tout instant rappeler aux mortels l'insignifiance des plaisirs humains en comparaison de ceux qui les attendent auprès de Notre-Seigneur.

Contrairement au célèbre aphorisme de Saint-Just, le bonheur n'a jamais été une idée neuve en Europe et dès les origines, fidèle à son héritage grec, le christianisme en a reconnu l'aspiration. Simplement il l'a mis hors de portée de l'homme, au Paradis terrestre ou dans les cieux (le XVIIIe siècle se contentera de le rapatrier ici-bas). Nous nous souvenons tous d'avoir été heureux avant la chute, dit saint Augustin ; et il n'est de bonheur que dans la réminiscence parce qu'au fond de la mémoire, c'est la source vivante de Dieu que nous retrouvons. Et Pascal dissertant sur nos vains moyens d'accéder au bien suprême : « Qu'est-ce donc que nous crie cette avidité et cette impuissance sinon qu'il y a eu autrefois dans l'homme un véritable bonheur dont il ne lui reste maintenant que la marque et la trace toute vide ? »

Cette trinité temporelle chrétienne sera reprise ensuite par tous les auteurs croyants ou agnostiques : le bonheur est de jadis ou de demain, dans la nostalgie ou l'espérance, jamais d'aujourd'hui. S'il est légitime de tendre vers cet état ce serait folie que de vouloir l'accomplir en ce monde. Créature déchue, l'homme doit d'abord racheter la faute d'exister, travailler à son salut. Et le salut est d'autant plus angoissant qu'il se gagne en une seule fois, comme l'avait noté Georges Dumézil : pour le chrétien, pas de seconde chance au contraire de l'hindou ou du bouddhiste livrés au cycle des réincarnations jusqu'à ce qu'ils gagnent la délivrance. C'est dans l'intervalle étroit de ma résidence sur terre que se joue le pari de l'éternité et cette perspective donne à l'accident temporel que je représente l'allure d'un véritable défi. Il est typique de la chrétienté qu'elle ait dramatisé à l'excès cette existence en la plaçant sous l'alternative de l'Enfer et du Paradis. La vie du croyant est un procès qui se tient tout entier devant le Juge divin. «Tout le mal que font les méchants est enregistré et ils ne le savent pas», disent les Psaumes. Nos écarts, nos mérites s'inscrivent heure après heure dans le grand livre des comptes avec solde débiteur ou créditeur. Même si les pécheurs, les femmes infidèles, les hommes corrompus «se couvrent de toutes les ombres de la nuit, ils seront découverts et jugés» (Bossuet). Terrible disproportion : une petite erreur humaine peut entraîner un châtiment éternel mais à l'inverse tous les maux dont nous souffrons peuvent trouver leur récompense au-delà si toutefois nous avons mené une existence agréable à Dieu. Reçu ou recalé : le Paradis a toute la structure de l'institution scolaire.

Car la logique du salut, si elle postule une relative liberté du croyant qui peut se perfectionner ou succomber aux passions mondaines, est loin de constituer une voie rectiligne. Elle est de l'ordre du clair-obscur et le plus sincère des fidèles vit sa foi comme une pérégrination dans un labyrinthe. Parce qu'il est à la fois tout proche et infiniment loin, Dieu est un chemin à parcourir, semé d'embûches et de chausse-trappes. «Dieu n'est bien connu que quand il est connu comme inconnu», disait saint Thomas. Il nous faut donc séjourner ici-bas selon les lois d'un autre monde et cette terre qui nous éblouit de ses mille sortilèges est à la fois l'ennemie et l'alliée du salut. C'est pourquoi si cette vie ne peut usurper la dignité qui seule appartient à Dieu, elle n'en possède pas moins un caractère sacré, elle est un passage obligé, la première étape de la vie éternelle. Le temps pour le chrétien n'est pas une assurance prise sur l'au-delà mais une tension faite d'angoisses, de doutes, de déchirements. L'espérance de la rédemption ne se distingue donc pas d'une inquiétude fondamentale. «On n'entend rien aux ouvrages de Dieu si on ne prend pas pour principe qu'il a voulu aveugler les uns, éclairer les autres. (...) Il y a toujours assez d'obscurité pour aveugler les réprouvés et assez de clarté pour les condamner et les rendre inexcusables» (Pascal). Et lorsque Luther substitue au salut par les œuvres le salut par la foi – Dieu seul décide souverainement si nous serons sauvés ou damnés quoi que nous fassions ou voulions – il maintient pour les élus un élément d'incertitude. Ceux-ci ne sont jamais sûrs d'avoir été choisis même s'ils attestent leur ferveur par des actes pieux. Quelle que soit sa conduite le pécheur ne peut jamais racheter sa dette envers Dieu, seulement compter sur son infinie miséricorde. En d'autres termes, le salut est une porte étroite alors que la route qui mène à la perdition est «large et spacieuse[1]» (Matthieu 7, 13).

---

1. Cité par Jean-Paul II, *Le Sens chrétien de la souffrance*, Pierre Tequi, 1984, p. 68.

Au regard de cette exigence terrible, gagner l'éternité ou sombrer dans le péché, que pèsent les petits bonheurs de la vie ? Rien ! Ils ne sont pas seulement éphémères et trompeurs – « Le monde, pauvre en effets, est toujours magnifique en promesses » (Bossuet) –, ils nous détournent du droit chemin, nous jettent dans une déplorable servitude à l'égard des biens de cette terre. « Toute opulence qui n'est pas mon Dieu m'est disette », écrivait magnifiquement saint Augustin. Double anathème jeté sur les plaisirs : ils sont risibles en regard de la béatitude qui nous attend au ciel et ils donnent l'image d'une permanence, d'une fermeté qui n'appartient qu'à l'ordre divin. Ils représentent le mauvais infini de la concupiscence, image inversée du bonheur céleste. L'erreur des hommes en l'occurrence, c'est de tenir un non-être pour un être. Car les joies mondaines sont pulvérisées par la perspective terrible de la mort, laquelle, dit encore Bossuet, « offusque tout de son ombre[1] ». C'est elle qui fait de la santé un sursis, de la gloire une chimère, des voluptés une infamie et de la vie un songe doublé d'un mensonge. La mort ne vient pas de loin mais du plus intime, elle s'insinue dans l'air que nous respirons, dans la nourriture que nous ingérons, dans les remèdes avec lesquels nous tentons de nous en protéger. Et Pascal : « La mort qui nous menace à chaque instant doit infailliblement nous mettre dans peu d'années dans l'horrible nécessité d'être ou anéanti ou malheureux. » Disqualifier toute

---

1. Bossuet, *Sermons et oraisons funèbres*, Seuil, préface de Michel Crépu, pp. 140-141.

l'existence sous la lumière du tombeau, c'est souligner que nous sommes dès le jour de notre naissance plongés dans un engourdissement dont l'agonie nous tirera. La vie est un sommeil dont il faut s'éveiller : cette métaphore issue de l'Antiquité et omniprésente dans la pensée chrétienne fait de la mort une échéance fatale à tous les sens du terme. Car il y a trois morts en quelque sorte : la disparition physique proprement dite ; la mort dans la vie pour ceux qui vivent en état de péché, c'est-à-dire de désunion d'avec Dieu, de deuil spirituel (on représente dans certaines églises bretonnes l'Enfer comme un lieu froid, glacé, le lieu de la séparation) ; enfin la mort comme libération et passage pour les justes. Elle n'est pas un gouffre mais une porte qui nous conduit au Royaume et rend l'âme «capable de jouir d'une infinité de contentements qui ne se trouvent point en cette vie[1]». Il est absurde de craindre notre anéantissement puisqu'en nous affranchissant du corps et de ses égarements, il constitue le début d'une aventure inouïe, celle du Jugement dernier et de la Résurrection dans l'éternité.

Tel est donc le calcul chrétien : opposer à la peur bien naturelle de la souffrance et du décès la peur plus grande encore de la perdition. Et promettre une récompense aux misères de ce bas monde par une rétribution dans l'au-delà, seule manière de mettre fin au scandale de la prospérité du méchant et de l'infortune du juste. Placements et déplacements sur un bien ou un mal

---

1. René Descartes, *Correspondance avec la princesse Palatine sur «La Vie heureuse» de Sénèque*, Arlea, 1989, pp. 188-189.

immatériel – le Paradis ou l'Enfer – pour mieux jeter un voile pudique sur les épreuves bien réelles d'aujourd'hui. Renoncer aux faux prestiges du monde, c'est être en droit d'espérer une gratification démesurée au ciel. Calcul subtil qui habille la résignation d'un vêtement de lumière : puisque « nul ne peut servir deux maîtres, Dieu et Mammon », j'abandonne des jouissances concrètes, immédiates pour une hypothétique volupté future. A quoi bon grappiller quelques instants de joie sur cette terre au risque de griller pour toujours chez Satan ? Le grand crime, tous les hommes d'Eglise y insistent, ce n'est pas d'être tentés par les fruits du monde, c'est d'y être attachés, c'est de connaître un tel esclavage à leur égard qu'on en oublie le lien fondamental avec Dieu. Si nous ne voulons pas déchoir, c'est « à l'affaire de l'éternité que doivent céder tous les emplois » (Bossuet) puisqu'il « n'y a de bien en cette vie que dans l'espérance d'une autre » (Pascal). Dans tous les cas le pathos du salut doit l'emporter sur le souci du bonheur.

Une telle démarche, heureusement, n'a pas toujours été placée sous le signe d'un « ou bien, ou bien » intransigeant. C'est la fonction des sacrements, surtout celui de la pénitence, que de soulager le fidèle d'une terrible tension et de lui permettre d'alterner la faute, le repentir, l'absolution dans un va-et-vient qui scandalisa Calvin mais aussi Freud[1]. Ce fut surtout le génie de

---

1. Dans la préface aux *Frères Karamazov*, Freud, évoquant le moraliste chez Dostoïevski qui use et abuse du repentir, écrit ceci : « Il nous fait penser aux barbares des invasions qui tuaient puis faisaient pénitence, la pénitence devenant du coup une technique qui permettait le meurtre » (Folio, Gallimard, p. 9).

l'Eglise que d'inventer sous la pression populaire et en réponse aux millénarismes la notion de Purgatoire au XIIe siècle, grande salle d'attente, tiers-lieu entre l'Enfer et le Paradis qui autorise ceux dont la vie fut médiocre, ni tout à fait bonne ni tout à fait mauvaise, à éponger leurs arriérés envers le Très-Haut. Cette classe de rattrapage posthume donnait aussi aux vivants le moyen d'agir sur les défunts et de dialoguer avec eux grâce à leurs prières. Le Purgatoire n'a pas seulement atténué le terrible chantage auquel se livrait l'Eglise auprès des croyants en les soumettant à la tenaille de la libération ou de la damnation (il faut se souvenir que l'Enfer dans sa version terrifiante et incandescente est une invention de la Renaissance et non du Moyen Age[1]). Il a aussi instauré tout un système de « mitigation des peines[2] », il a introduit dans la foi la notion de marchandage avec tous les excès que l'on connaît et qui provoquèrent la fureur des réformés, indignés de voir Rome se livrer à des trafics d'indulgences, c'est-à-dire une institution humaine tirer des acomptes sur l'éternité, forcer en quelque sorte la main à Dieu[3].

------

1. Comme le rappelle Jean Delumeau, *La Peur en Occident*, Fayard, 1978, chapitre VII sur le satanisme.
2. Jacques Le Goff, *La Naissance du Purgatoire*, Folio-Histoire, Gallimard, 1981.
3. Dès le XIIe siècle, le système de la pénitence tarifée se multiplie en France et se traduit par des dons en argent, des prières ou des messes. On achète ces dernières à l'unité comme autant de viatiques pour l'au-delà. Avec le développement de la piété indulgencière fleurissent les transactions mercantiles les plus échevelées : en pèlerinant, en donnant aux ordres hospitaliers, en récitant des psaumes, on espère gagner des remises de peine, des années de Purgatoire. « Tel sanctuaire, par exemple, moyennant une confession, des dons et des

Grâce à lui le séjour terrestre s'adoucit, devient plus aimable. L'idée de l'irréversible s'éloigne ; une faute limitée dans le temps cesse d'entraîner une déchéance infinie. En modifiant « la géographie de l'au-delà », le Purgatoire laisse ouverte une porte sur l'avenir, évite le découragement, « refroidit » l'histoire humaine. Grâce à ce tranquillisant psychologique, le pécheur ne sent plus les flammes de l'Enfer le talonner dès qu'il transgresse un interdit. L'expiation reste possible et le salut perd ce qu'il avait d'inhumain dans le dogme. La Réforme elle-même malgré son intransigeance doctrinale jouera comme une réhabilitation paradoxale de la vie terrestre par sa volonté d'incarner ici-bas les valeurs de l'autre monde. Luther demandait de fuir l'oisiveté et d'agir pour plaire à Dieu au motif qu'« un homme bon et juste fait de bonnes œuvres[1] » et confirme ainsi ses chances d'être sauvé.

De la même façon, il s'est développé au XVIIᵉ et au XVIIIᵉ siècle tout un christianisme accommodant qui n'a pas voulu choisir la terre contre le ciel mais les coupler l'un à l'autre. Loin d'être incompatibles, ils se

---

prières, promet d'acquérir 7 ans et 7 quarantaines, tel autre 40 fois 40 ans. Un guide pèlerin en Terre sainte nous apprend qu'une visite systématique à l'ensemble des lieux saints rapporte si l'on peut dire 43 fois 7 ans et 7 quarantaines » (in Jacques Chiffoleau, « Crise de la croyance », *Histoire de la France religieuse*, Seuil, 1988, tome II, pp. 138 et 142). Rappelons que l'Eglise catholique continue à pratiquer, mais gratuitement, les indulgences au grand dam des protestants. La bulle papale de l'an 2000 accorde aux pénitents qui se seront abstenus pendant un an de boire et de fumer des indulgences plénières réversibles aux morts du Purgatoire...

1. In *Les Grands Ecrits réformateurs*, Garnier-Flammarion, préface de Pierre Chaunu, p. 222.

succèdent et Malebranche, refusant les termes du pari pascalien, montrera le bonheur comme un mouvement ascensionnel qui va des plaisirs mondains aux jouissances célestes où l'âme voyage sans heurt jusqu'à l'illumination finale. Là où d'autres soulignaient une césure, il rétablit une continuité et dans une vision très moderne de la foi décrit l'homme porté par un même élan vers l'éternité et la quête des biens temporels. Désormais la Nature et la Grâce collaborent harmonieusement aux destinées humaines : un chrétien peut être un honnête homme, allier « la politesse à la piété[1] », se consacrer à ses tâches quotidiennes sans perdre de vue la perspective du rachat. L'immortalité se démocratise, devient accessible au plus grand nombre. Le christianisme reste donc la doctrine d'une dévaluation relative et raisonnée du monde : en considérant cette vie comme un lieu de perdition et de salvation, il en fait l'obstacle et la condition de la délivrance et l'élève par là au statut de souverain bien ; il nous affranchit du corps mais le rétablit dans ses droits grâce à l'incarnation. Bref il affirme l'autonomie humaine au moment même où il la subordonne à la transcendance divine. Dans tous les cas, il demande au croyant, ballotté entre « les périls de la jouissance » et le refus de « l'enchanteresse et dangereuse douceur de la vie » (saint Augustin), d'assumer le sensible sans l'idolâtrer, sans ériger les choses du monde en absolus.

---

1. Cité in Robert Mauzy, *op. cit.*, pp. 17 et 18 ainsi que p. 181.

SUR LA FORMULE : ÇA VA ?

Comment allez-vous ? Les hommes dans l'histoire ne se sont pas toujours salués de cette façon : ils invoquaient sur eux la protection divine et l'on ne s'inclinait pas devant un manant comme devant un chevalier. Pour que la formule « ça va ? » apparaisse, il faut quitter la relation féodale et entrer dans l'ère démocratique qui suppose un minimum d'égalité entre des individus séparés, soumis aux oscillations de leurs humeurs. Une légende veut que cette expression, en français du moins, soit d'origine médicale : comment allez-vous à la selle ? Vestige d'un temps qui voyait dans la régularité intestinale un signe de bonne santé.

Cette formalité lapidaire, standardisée répond au principe d'économie et constitue le lien social minimal dans une société de masse soucieuse de réunir des gens de tous horizons. Mais elle est parfois moins de routine que d'intimation : on veut contraindre la personne rencontrée à se situer, on veut la pétrifier, la soumettre d'un mot à un examen approfondi. Où en es-tu ? Que deviens-tu ? Discrète sommation qui ordonne à chacun de s'exposer dans la vérité de son être. Car il y a intérêt que ça aille même si l'on ne sait pas où ça va dans un monde qui fait du mouvement une valeur canonique. En quoi le « ça va » machinal qui ne demande pas de réponse est plus humain que le « ça va ? » plein de sollicitude de celui qui veut vous mettre à nu, vous acculer à un bilan moral. C'est que le fait d'être désormais ne va plus de soi et nécessite une consultation permanente de son baromètre intime. Est-ce que je vais si bien après tout, est-ce que je n'enjolive pas ? De là que beaucoup éludent et coupent court, supposant à l'autre assez de délicatesse pour déchiffrer dans leur « ça va » un discret abattement. Terrible à cet égard cette locution du renoncement : « on fait aller » comme si l'on était réduit à laisser les jours et les heures circuler sans y prendre part. Mais pourquoi faudrait-il que ça aille après tout ? Tenus journellement de nous justifier, il arrive souvent que nous relevions d'une autre logique. Tellement opaques à nous-mêmes que la réponse n'a plus de sens même à titre de formalité.

«Tu as l'air en pleine forme aujourd'hui.» Tombant sur nous à la façon d'une coulée de miel, ce compliment a valeur de consécration : dans le face-à-face des radieux et des grincheux, je suis du bon côté. Me voici, par la magie d'une phrase, placé au sommet d'une hiérarchie subtile et toujours mouvante. Mais le lendemain un autre verdict tombe, impitoyable : «Comme tu as mauvaise mine.» Ce constat me fusille à bout portant, m'arrache à la position splendide où je me croyais installé pour toujours. J'ai démérité de la caste des magnifiques, je suis un paria qui doit raser les murs, cacher son teint brouillé à tous.

En définitive «comment ça va?» est la question la plus futile et la plus profonde. Il faudrait pour y rétorquer avec exactitude procéder à un inventaire scrupuleux de son psychisme, à de minutieuses pesées. Qu'importe : il faut dire oui par politesse, civilité et passer à autre chose ou ruminer la question une vie entière et réserver sa réponse pour après.

LA SOUFFRANCE BIEN-AIMÉE

Qu'est-ce que le malheur pour le christianisme? La rançon de la Chute, le passif que nous devons acquitter en raison du péché originel. A cet égard, les Eglises ont chargé la barque : non seulement elles fustigent l'ici-bas mais elles font de l'existence la réparation d'une faute qui nous souille tous dès la naissance parce qu'elle a contaminé l'innombrable descendance d'Adam et Eve. Tous coupables a priori même le fœtus dans le ventre de sa mère ; d'où l'urgence de baptiser les nouveau-nés. Mais de cette misère liée à notre imperfection, il serait irresponsable de désespérer. C'est par amour que le Seigneur a donné son fils unique afin qu'il délivre l'humanité du mal. Que l'emblème de cette religion soit un crucifié sur sa potence signifie que celle-ci a inscrit la mort de Dieu au cœur de son rituel. Jésus en agonisant devient « propriétaire de la mort » (Paul Valéry) et convertit celle-ci en joie. Deuil et résurrection : le fils de Dieu sur sa croix affirme le tragique de la condition humaine et la dépasse vers l'ordre surhumain de l'espérance et de l'amour. Sa passion permet ainsi à chaque malheureux de la revivre à son niveau et de participer à un événement fondateur plus vaste que lui. Même avili, il doit se charger de sa propre croix et trouver en Jésus un guide et un ami qui l'aide. A cette condition sa souffrance deviendra non une ennemie mortelle mais une alliée dotée d'un pouvoir de purification, de « renouvellement d'énergie spirituelle » (Jean-Paul II). Elle possède, comme l'a dit le philosophe Max Scheler, cette capacité unique de séparer l'authentique du futile, l'inférieur du supérieur, d'arracher l'homme à la confusion des sens, à la gangue grossière du corps pour diriger ses yeux vers les richesses essentielles[1].

Il ne suffit donc pas de subir la souffrance, il faut l'aimer, faire d'elle le levier d'une véritable transformation. Elle est cet échec qui mène à la victoire et comme le disait Luther c'est en damnant le pécheur

---

1. Max Scheler, *Le Sens de la souffrance*, Aubier, 1921, pp. 65 sqq.

que Dieu assure son salut. « Tout homme devient la route de l'Eglise spécialement quand la souffrance entre dans sa vie [1]. » En quoi le christianisme récuse et l'héroïsme aristocratique et la morale stoïcienne qui commande d'encaisser deuils et maladies sans gémir et invite même le sage à subir la torture avec le sourire. Pascal fustigeait l'orgueil d'Epictète face au malheur où il voyait une affirmation insolente de la liberté humaine, inconsciente de son dénuement. Impossible comme les Anciens de se dérober au mal, de le contourner par toutes sortes de stratagèmes ou de s'exclamer de façon sacrilège tels les épicuriens : « La mort n'existe pas pour nous. » Il faut avouer son calvaire, crier son ignominie et du fond de cet avilissement remonter jusqu'à Dieu. « La souffrance sauve l'existence, disait Simone Weil, elle n'est jamais assez forte, assez grande. » Parce qu'elle nous ouvre les portes de la connaissance et de la sagesse, « elle est d'autant meilleure qu'elle est plus injuste [2] ».

D'où l'inévitable algophilie des christianismes protestant, orthodoxe ou catholique, ce souci très réel des malheureux qui va de pair avec une gourmandise pour le malheur. « Le Christ a enseigné à faire du bien par la souffrance et à faire du bien à celui qui souffre [3]. » D'où ce besoin compulsif de faire main basse sur le malheur des autres comme si le sien ne suffisait pas (ainsi cette tentative du clergé polonais de transformer

---

1. Jean-Paul II, *op. cit.*, p. 4.
2. Simone Weil, *La Pesanteur et la Grâce*, Plon, 1988.
3. Jean-Paul II, *op. cit.*, p. 91.

Auschwitz en un Golgotha moderne ou ce racolage des âmes auquel, à en croire certains journalistes, se livrait Mère Teresa dans ses mouroirs à Calcutta, quels que soient par ailleurs ses très grands mérites). Sans oublier ce goût prononcé pour le martyre, les corps démembrés, l'obsession du cadavre, de la charogne, de la pourriture dans un certain art chrétien, l'accent mis sur la nature excrémentielle du corps, et enfin l'esthétique du supplice et du sang chez les mystiques. Peu de religions ont insisté comme celle-ci sur l'ordure humaine, ont manifesté un tel « sadisme de la piété[1] ».

Même si l'Eglise catholique depuis Pie XII se montre plus compréhensive à l'égard de ceux qui endurent, pour elle *c'est la souffrance qui constitue la norme et la santé une quasi-anomalie*. Témoin cette réflexion de Jean-Paul II : « Lorsque le corps est profondément atteint par la maladie, réduit à l'incapacité, lorsque la personne humaine se trouve presque dans l'impossibilité de vivre et d'agir, la maturité intérieure et la grandeur spirituelle deviennent d'autant plus évidentes et elles constituent une leçon émouvante pour les personnes qui jouissent d'une santé normale[2] ». Il faut aimer l'homme mais d'abord l'humilier, le rabaisser. La souffrance, en nous rapprochant de Dieu, est l'occasion d'un progrès, elle perd ce qu'il y a de pire en elle : la gratuité. « A la question de Job : pourquoi la souffrance ? pourquoi moi ?, je n'obtiens de réponse, dit toujours Jean-Paul II, qu'en souffrant avec le Christ,

---

1. Jacques Chiffoleau, *op. cit.*, p. 135.
2. *Op. cit.*, p. 73.

qu'en acceptant l'appel qu'il me lance du haut de la croix : suis-moi[1]. » Alors seulement dans ma misère je peux trouver la paix intérieure, la joie spirituelle. Le monde chrétien est peut-être cruel à nos yeux mais c'est un monde saturé de sens (comme le bouddhisme qui fait de la douleur le résultat des fautes commises dans les vies antérieures – selon la formule consacrée ce sont les flèches que nous avons tirées qui reviennent sur nous. Conception barbare mais éminemment consolatrice). Avec la religion la souffrance devient un mystère que nous ne déchiffrons qu'en souffrant. Etrange mystère par ailleurs grâce à quoi tout s'explique[2]. Et les théologiens développeront des trésors de casuistique et de subtilité pour légitimer l'existence du mal sans porter atteinte à la bonté de Dieu.

On comprend alors l'importance de l'agonie ostentatoire à l'âge classique (et jusqu'au milieu du XXᵉ siècle dans les campagnes). Il allait de soi jadis, quand l'habitat était commun, qu'un homme ne pouvait mourir qu'en public face au regard des autres et non pas seul comme aujourd'hui à l'hôpital. A travers l'épreuve ultime, le croyant trouvait l'occasion de solder ses comptes avec ses proches, de méditer sur ses péchés, de se détacher des liens terrestres avant d'embarquer pour l'invisible. «Il n'est pas honteux à l'homme de succom-

---

1. *Ibid.*, p. 76.
2. A ce propos Marcel Conche dit très bien dans *Orientation philosophique*, PUF, 1990, p. 56 : «Par un mécanisme curieux, grâce à l'absence de réponse, on a réponse à tout.» La notion de mystère employée à tort et à travers devient un pur sophisme pour justifier l'injustifiable, en l'occurrence la souffrance des enfants.

ber sous la douleur, dit Pascal, il lui est honteux de succomber sous le plaisir. » L'agonie est capitale : elle permet au fidèle d'acquitter un dernier tribut envers ce bas monde, de quitter son corps, à travers la douleur, un peu comme un navire dont on trancherait une à une les amarres. Les râles, les affres doivent témoigner d'une vie tout entière tendue vers la dévotion et la charité.

Ainsi Bossuet fustige-t-il les tièdes dont la foi se réveille au seuil du trépas par l'expression d'un repentir tardif ; mais il multiplie les éloges sur la petite Henriette Anne d'Angleterre, duchesse d'Orléans, qui, à 14 ans, sur le point de trépasser, appelle les prêtres plutôt que les médecins, embrasse le crucifix, réclame les sacrements et s'écrie : « O mon Dieu, n'ai-je pas toujours mis en vous ma confiance ? » « La merveille de la mort, écrit alors le prédicateur citant saint Antoine, c'est que, pour le chrétien, elle ne finit pas la vie, elle ne finit que ses péchés et les périls où il est exposé. Avec nos jours, Dieu abrège nos tentations, c'est-à-dire toutes les occasions de perdre la vraie vie, la vie éternelle alors que le monde n'est rien d'autre que notre exil commun [1]. » Et l'on ne s'étonnera pas de lire sous la plume de Jean-Paul II évoquant l'euthanasie et les derniers instants un éloge « de la personne qui accepte volontairement de souffrir en renonçant à des interventions anti-douleur pour garder toute sa lucidité et si elle est croyante pour participer à la Passion du Seigneur » même si, et la nuance est de taille, un tel comportement héroïque « ne peut être considéré

---

1. Bossuet, *op. cit.*, pp. 178-179.

comme un devoir pour tous[1]». L'Eglise de Rome, on le sait, accepte les soins palliatifs à condition qu'ils ne privent pas le mourant de la conscience de soi.

Il faut croire qu'un tel dispositif de justification de la souffrance était bien peu convaincant puisqu'il est apparu peu à peu, au cours des temps, comme le bréviaire de la résignation et de l'obscurantisme (y compris aux croyants qui sur ce point ont épousé les valeurs laïques). La découverte des alcaloïdes, l'usage des anesthésiques, la purification de l'aspirine et de la morphine ont balayé les affabulations des prêtres sur la douleur comme nécessaire punition divine. A dire vrai, le christianisme a suscité de lui-même la protestation qui devait le fragiliser. Une fois posée la notion de béatitude – fût-elle localisée au ciel – il a déclenché une dynamique qui devait se retourner contre lui. (Et les Béatitudes elles-mêmes dans les Evangiles, liées aux malédictions, ne sont pas une promesse d'apaisement mais de justice. C'est un appel au renversement du monde, une chance laissée à ceux qui tombent, aux déchus : les puissants seront jetés à terre, les misérables élevés au premier rang[2].)

Savoir qu'un tel état nous attend après la mort rend les hommes impatients d'en connaître quelques prémices ici-bas. Une puissante espérance en une vie meilleure se fait jour qui puise son énergie dans le texte même des Ecritures. On voudrait hâter la fin des

---

1. *Evangelium Vitae*, Cerf-Flammarion, 1995, pp. 103-104.
2. «Bienheureux vous qui êtes pauvres car le royaume de Dieu est à vous. (…) Mais malheur à vous les riches car vous tenez votre consolation, malheur à vous qui riez maintenant car vous serez dans le deuil et les larmes, etc. » (Luc, 6, 20-26 et Matthieu, 5-7).

temps quand le Messie reviendra et que l'accumulation des malheurs se renversera en joyeuse Apocalypse,
on compte les années, les siècles qui nous séparent de
ce terme et les calculs enflamment les esprits. A cet
égard l'hérétique ou le millénariste ne sont rien
d'autre que des lecteurs pressés qui prennent les mots
de la Bible au pied de la lettre et croient en leur sens
littéral. Ils s'appuient sur l'inflexibilité de Jésus pour
contester les formes pétrifiées de l'institution ecclé-
siale. Le thème du bonheur vient du christianisme
mais c'est contre lui qu'il s'épanouira. Comme l'avait
noté Hegel le tout premier, cette religion contient en
elle tous les germes de son dépassement et de la sortie du religieux. Son principal défaut pour les hommes
de la Renaissance et des Lumières, par ailleurs tous
croyants, fut d'envelopper le malheur dans les voiles
de l'éloquence, « cette éloquence de la croix » qui promet la résurrection afin de détourner les pieux du
devoir d'améliorer la condition terrestre. D'autant que
le culte de la douleur et du sacrifice, comme Nietzsche
le montrera à propos des Anciens, n'élève pas
l'homme mais l'enfonce dans l'endurcissement,
l'amertume. Dès lors, selon la formule célèbre de Karl
Marx, « abolir la religion en tant que bonheur illusoire
du peuple, c'est exiger son bonheur réel ». La dureté
catholique ou protestante s'exerçait désespérément
contre la nature humaine et ses joies. Avec les
Lumières, le plaisir et le bien-être seront enfin réha-
bilités et la souffrance écartée comme un archaïsme.
On pourrait croire une page de l'histoire tournée.
C'est là au contraire que commencent les difficultés.

Chapitre II

L'ÂGE D'OR ET APRÈS ?

UNE MERVEILLEUSE PROMESSE

Toute la notion moderne du bonheur repose sur une phrase célèbre de Voltaire tirée de son poème *Le Mondain* (1736) : « Le Paradis terrestre est où je suis », formule matricielle, génératrice que l'on ne cessera ensuite de pasticher ou de répéter comme pour s'assurer de sa vérité[1]. Enoncé magnifique, choquant qui démolit des siècles d'arrière-monde et d'ascétisme et dont nous n'avons pas fini de méditer la troublante simplicité. Plus tard, Voltaire, effrayé comme tout son siècle par le tremblement de terre de Lisbonne, récusera cet optimisme flamboyant, cet éloge provocateur

---

1. Par exemple Heinrich Heine : « Faire descendre le Royaume sur terre. » Pierre Leroux en 1849 : « Le Paradis doit venir sur terre. » Ernst Bloch en 1921 : « A présent il est impossible que n'advienne pas le temps du Royaume. » André Breton : « Est-ce vous, Nadja ? est-il vrai que l'au-delà, tout l'au-delà soit dans cette vie ? » Paul Éluard : « Il est un autre monde mais il est tout entier en celui-là. » Et Albert Camus : « Mon Royaume est tout entier de ce monde. »

du luxe et de la volupté et, mis en présence de la cruauté gratuite de la nature et des hommes, adoptera une attitude plus médiane : « Un jour tout sera bien, voilà notre espérance. Tout est bien aujourd'hui, voilà l'illusion [1]. » Mais pour lui le mal ne sera jamais investi d'aucun sens positif, ne sera jamais le prix de la faute ou la conséquence de la Chute et c'est en cela qu'il est un moderne désenchanté. Les Lumières et la Révolution française n'ont pas seulement proclamé l'effacement du péché originel, elles sont entrées dans l'histoire comme une promesse de bonheur adressée à l'humanité entière. Celui-ci n'est plus une chimère métaphysique, une improbable espérance à quêter à travers les arcanes complexes du salut, le bonheur c'est ici et maintenant, c'est maintenant ou jamais.

Bouleversement fondateur, changement d'axe de l'histoire : Bentham, le père anglais de l'utilitarisme, demande de promouvoir « le maximum de bonheur pour le maximum de gens », Adam Smith voit dans le désir des hommes d'embellir leur condition un signe divin, Locke recommande de fuir l'*uneasiness*, l'inconfort, bref partout éclate la conviction qu'il est raisonnable de souhaiter l'instauration du bien-être sur terre. Merveilleuse confiance dans la perfectibilité de l'homme, dans sa capacité à s'affranchir de l'éternel ressassement du malheur, dans sa volonté de créer du

---

1. Sur les positions voltairiennes par rapport au mal, voir le livre très complet de Bronislaw Bazcko, *Job mon ami*, Essais, Gallimard, 1997, ainsi que Ernst Cassirer, *La Philosophie des Lumières*, Agora, pp. 207-208.

neuf, c'est-à-dire du mieux. Confiance dans les pouvoirs croisés de la science, de l'instruction et du commerce de faire advenir l'âge d'or du genre humain dont l'utopiste Saint-Simon en 1814 prédisait l'arrivée à échéance de quelques générations (fidèle en cela à l'inspiration de Francis Bacon qui dès le XVIIe siècle nourrissait le projet d'une cité idéale, la *Nouvelle Atlantide* dirigée par des savants). Certitude enfin que l'humanité est seule responsable des maux qu'elle s'inflige et qu'elle seule peut les amender, les corriger sans le recours à un Grand Horloger ou à une Eglise qui statue depuis l'au-delà. Sentiment grisant d'une aube messianique, d'un recommencement des temps qui pourrait transformer cette vallée de larmes en une vallée de roses. L'histoire n'empeste plus, elle embaume, le monde redevient patrie commune dont l'avenir importe autant que le souci de la destinée personnelle après la mort. Puisque l'écart entre l'humanité et son Créateur ne cesse de se creuser depuis le Moyen Age, l'homme ne peut compter que sur ses propres forces pour organiser sa vie terrestre. L'existence tout entière doit être la démonstration du bien selon une phrase de Dupont de Nemours parodiant l'optimisme leibnizien.

L'espoir du bonheur triomphe sur le déclin de l'idée de salut et de l'idée de grandeur, sur une double récusation de la religion et de l'héroïsme féodal : *nous préférons être heureux plutôt que sublimes ou sauvés.* Ce qui a changé depuis la Renaissance, c'est que le séjour sur terre, à la suite des progrès matériels et techniques, a cessé d'être considéré comme une pénitence ou un fardeau. Capable de faire reculer la misère et de maîtriser son destin, l'homme sent s'atténuer le dégoût qu'il éprouve pour lui-même Partout «l'âpre saveur de la vie» (Huizinga) qui monte en Europe depuis le milieu du Moyen Age commande de jeter un regard nouveau, empreint de bienveillance, sur notre habitat, partout se fait jour une réhabilitation de l'instinct, «une conquête de l'agréable» (Paul Bénichou). Le monde peut être un jardin fertile et non plus un enclos stérile, les plaisirs sont réels et la douleur ne résume plus à elle seule l'ensemble de l'expérience humaine (ce dont témoigne toute la tradition utopiste depuis Thomas More et Campanella). Surtout il faut se réconcilier avec le corps : fini de voir en lui l'éphémère et dégoûtante enveloppe de l'âme dont il faudrait se méfier et se déprendre : c'est un ami désormais, notre seul esquif sur terre, notre plus fidèle compagnon qu'il convient d'entourer, de soigner, de ménager par toutes sortes de règles de médecine et d'hygiène quand la religion prônait son muselage, son mépris, son oubli. Triomphe du confort : apothéose du capitonné, du rembourré, du commode, de tout ce qui amortit les chocs, garantit nos aises.

Bref les sociétés occidentales ont osé, contre leurs propres traditions, apporter comme réponse à la douleur *non les consolations de l'au-delà mais l'amélioration de ce monde-ci*. Geste d'une audace inouïe que la Déclaration d'indépendance américaine s'empresse d'inscrire dans ses statuts en assurant que «la vie, la liberté et la recherche du bonheur» font partie des droits humains inaliénables. L'humanité n'a plus de comptes à rendre qu'à elle-même. Comme l'exprime Kant avec éloquence, « il dépend de nous que le présent délivre sa promesse d'avenir », promesse qui relève moins d'un prescriptif que d'un « séductif », c'est-à-dire d'un remodelage de notre planète, selon les désirs humains[1]. L'idée de progrès supplante celle d'éternité, le futur devient le refuge de l'espoir, le lieu de la réconciliation de l'homme avec lui-même. En lui convergent les félicités individuelles et collectives, particulièrement dans l'utilitarisme anglo-saxon qui prétend mettre le bonheur au service du genre humain tout entier afin d'échapper aux accusations d'immoralité dont il était l'objet. A l'en croire, l'action juste serait toujours associée au plaisir, l'action injuste à la peine. L'humanité est donc en pérégrination constante vers le Bien, le progrès moral peut parfois « être interrompu, jamais rompu » (Kant). Le temps humain est gros d'une germination heureuse, tout devient possible y compris l'inconcevable d'hier et c'est bien cette conviction nouvelle qui anime l'aspiration à plus de justice et d'égalité. L'affreuse nuit médiévale semble à tout jamais derrière nous. Pour les plus exaltés, un Condorcet par exemple, le bonheur est tout simplement fatal, il est inhérent à la marche triomphale de l'esprit humain, à la fois irréversible et infaillible. « Un seul instant, écrit-il à propos de la Révolution française, a mis un siècle de distance entre l'homme du jour et celui du lendemain. » On ne

---

1. Emmanuel Kant, *Théorie et Pratique*, Garnier-Flammarion, pp. 34-35.

peut pas ne pas vouloir son bonheur : c'est une loi naturelle du cœur humain identique aux lois de la matière dans le monde physique, c'est la réplique morale de la gravitation universelle.

LES AMBIVALENCES DE L'ÉDEN

Mais la terre promise du futur recule à mesure qu'on l'entrevoit et ressemble étrangement à l'au-delà chrétien. Elle s'évapore chaque fois qu'on veut la saisir, déçoit dès qu'on l'approche. D'où les équivoques de l'idée de progrès : invitation à l'effort, au courage, espoir de réussir là où les générations antérieures ont échoué, mais aussi défense du malheur présent au nom d'un embellissement renvoyé à des lointains enchanteurs. Demain redevient l'éternelle catégorie du sacrifice et l'optimisme historique prend l'allure d'une interminable purgation. L'Eden c'est toujours plus tard. Et la postérité laïque de la douleur chrétienne sera fertile : hégélienne qui voit dans les tourments endurés par les peuples au cours des temps les étapes nécessaires de l'Esprit vers son accomplissement ; marxiste qui célèbre dans la violence l'accoucheuse de l'Histoire et prône l'évincement des classes exploiteuses pour hâter l'édification d'une société parfaite ; nietzschéenne qui exalte la cruauté et le mal comme moyens de sélectionner les plus forts et d'améliorer l'espèce humaine ; et en général toutes les idéologies qui commandent d'immoler la partie au profit du tout. Autant de doctrines pour qui le mal est un moment du bien et qui discernent dans les tourments les plus effroyables une raison secrète au travail. A partir de là n'importe quelle calamité peut se justifier si elle prend place dans l'économie générale de l'univers, chaque destruction prépare une reconstruction ultérieure et l'Histoire est celle des erreurs qui deviennent peu à peu des vérités. Dissipés les cauchemars : les pires horreurs que s'infligent les hommes concourent nécessairement à l'épanouissement de tous. A cet égard le cri de Hegel : « Si par hasard il y avait quelque chose que le concept serait incapable d'assimiler et de dissoudre, alors il faudrait y voir la plus haute scission, le plus grand malheur[1] », vaut pour la modernité tout entière. Quand la détresse prolifère, elle disqualifie toutes les explications, tous les sophismes, ridiculise la prétention à identifier le réel avec le rationnel. A l'égard de la souffrance les Modernes, quoi qu'ils en aient, ne sont pas moins délirants que leurs ancêtres religieux. *C'est qu'elle inflige à leur orgueil un démenti cinglant : celui de la toute-puissance.* Et l'on sait qu'en France, par exemple, il a fallu attendre les toutes dernières années du XXᵉ siècle pour obliger les médecins à soulager les douleurs des malades en phase terminale (et à reconnaître celles des nouveau-nés) alors qu'on se contentait jusque-là de les minimiser, de les traiter en symptômes révélateurs. Mais les arguties extraordinaires des philosophes, des idéologues ou des

---

1. Hegel, *La Raison dans l'Histoire*, 10/18, introduction de Kostas Papaioannou, p. 212.

pouvoirs en place pour légitimer le malheur butent sur ce fait incontournable : les sociétés démocratiques se caractérisent par une allergie croissante à la souffrance. Que celle-ci perdure ou se multiplie nous scandalise d'autant que nous n'avons plus le recours de Dieu pour nous en consoler. Par là les Lumières ont engendré un certain nombre de contradictions dont nous ne sommes pas sortis.

Les exigences morales du christianisme ne demandaient pas à être traduites ici-bas sinon de façon embryonnaire. Il n'y avait en ce monde qu'imperfection et médiocrité, l'espérance de la rédemption était renvoyée dans l'au-delà. Aux créatures ordinaires le partage des lâchetés, des égoïsmes, aux justes et aux saints l'obligation de témoigner d'un autre ordre, de prodiguer amour et charité sans compter. En d'autres termes les religions détiendront toujours sur les idéologies séculières un avantage constitutif : l'inutilité de faire la preuve. Les promesses qu'elles nous délivrent ne sont pas à échelle humaine ou temporelle au contraire de nos idéaux terrestres qui doivent se plier à la loi de la vérification. C'est même de cela qu'est mort le communisme, du télescopage foudroyant entre les merveilles annoncées et l'ignominie acquise. Il ne suffit pas de proclamer le paradis sur terre, il faut encore le matérialiser sous forme de mieux-être, d'agréments avec le risque toujours possible de décevoir les attentes.

A cette première contrainte s'en rajoute une autre. La religion décourage les représentations trop exactes du Paradis : ce lieu de délices absolues où n'existe plus ni la faim ni la soif ni la méchanceté ni le temps, où les corps ressusciteront dotés d'une éternelle jeunesse au milieu d'une cour resplendissante emplie d'anges et de saints, ne pouvait donner lieu à une figuration trop précise. L'Eglise, au contraire des sectes millénaristes, a toujours interprété les textes eschatologiques comme des allégories ; sagesse religieuse et qui vaut pour tous les monothéismes : le séjour divin se situe au-delà de toute imagination humaine. Il constitue une somme de ravissements, une « vision béatifique », portées à un degré d'incandescence dont nous n'avons même pas idée. Quiconque pourrait voir Dieu en face serait immédiatement foudroyé : il est par nature invisible, irreprésentable, inconcevable. On ne peut dire ce qu'il est, seulement ce qu'il n'est pas, n'en parler « que par négation » (Denys l'Aréopagite).

La force de l'idée de salut, c'est d'être une extase ineffable auprès du Seigneur. La pensée religieuse a « pour stricte condition que le salut ne doive en aucun cas advenir[1] » alors que la visée laïque du bonheur a pour exigence inverse que celui-ci advienne sans délai. C'est la disgrâce du monde profane que de ne pas tolérer le vague et les atermoiements. Il y a peut-être à cet égard une sagesse dans l'idée de progrès, dans la reconnaissance tacite que l'instant présent n'épuise pas tous les agréments possibles. Le soupçon que le Paradis, s'il descendait sur terre, nous procurerait peut-être une éternité d'ennui, l'envie tacite de ne jamais voir nos vœux tout à fait réalisés de peur d'être déçus, expliquent aussi

---

1. Clément Rosset, *L'Objet singulier*, Minuit, p. 17.

la séduction du progrès : possibilité donnée au temps de faire mûrir de nouveaux plaisirs tout en renouvelant les anciens. D'autres objets du désir scintillent dans le futur. Grâce à quoi, contrairement à l'adage célèbre, le bonheur peut avoir une histoire. Elle se résume à la manière dont chaque époque, chaque société dessine sa vision du désirable et départage le plaisant de l'intolérable. Le bonheur relève de la jouissance immédiate autant que de l'espérance en un projet capable de révéler de nouvelles sources de joie, de nouvelles perfections.

PERSÉVÉRANCE DE LA DOULEUR

Dès lors que le but de la vie n'est plus le devoir mais le bien-être, le moindre désagrément nous heurte comme un affront. Au XVIIIe siècle comme aujourd'hui la persistance de la souffrance, cette inépuisable lèpre de l'espèce humaine, demeure l'obscénité absolue. Jamais le christianisme, dans sa grande prudence, ne s'était proposé d'éradiquer le mal sur terre : ambition démente qui fut celle des pélagiens et relevait de l'idolâtrie. Pascal avait bien qualifié de folle cette volonté de l'homme de rechercher lui-même le remède à ses propres misères. Or les Lumières croient en la régénération de l'espèce humaine par les efforts conjugués du savoir, de l'industrie et de la raison. Nul optimisme débridé dans cette croyance mais un mélange bien dosé de calcul et de bienveillance : il est possible de venir à bout de presque tous les malheurs qui endeuillent l'espèce humaine. Question de temps et de patience. Mais la douleur, dans son inlassable retour, dément cette illusion d'une rationalisation parfaite du monde. Il revient désormais à l'homme, privé des secours de la Providence, de l'éliminer dans la mesure de ses moyens ; responsabilité exaltante autant qu'écrasante. Il y avait un confort du péché originel, un optimisme de cet enfer intime que nous portons tous au-dedans : il se perd dans la nuit des temps, se partage entre chacun de nous et décharge l'individu d'un poids qui accable le genre humain tout entier. Nulle tragédie finalement en lui : dans les pires atrocités de l'histoire, il vient confirmer la faute primitive et la nécessité de l'expiation.

Tout change quand le mal éclate sur fond de croyance en la bonté humaine : il devient alors un échec, une hérésie. Nous voici désormais comptables de chaque infraction, manquement, coupables de démoraliser la belle opinion que l'espèce humaine a d'elle-même. Emiettement panique ! Et tandis que certains tenteront d'abattre le malheur en bloc comme les révolutionnaires ou en détail comme les réformistes, le soupçon naît qu'une telle entreprise est peut-être illusoire et que le malheur accompagnera toujours l'expérience humaine comme son ombre portée. Avant même que la Révolution française ne scelle les noces de la vertu et de l'échafaud et n'inflige un démenti au rêve d'une société idéale, le siècle tout entier avait éprouvé la difficile conquête de la félicité. On croyait engager un compte à rebours, effacer l'iniquité, on retombait dans les mêmes ornières. *Le vieux*

53

monde décidément ne voulait pas mourir. Même délivré des préjugés et de l'ignorance, l'esprit humain enregistrait toujours un clivage entre les valeurs et les faits.

Désormais, privée de ses alibis religieux, la souffrance ne signifie plus rien, elle nous encombre comme un affreux paquet de laideurs dont on ne sait que faire. Elle ne s'explique plus, elle se constate. Elle est devenue l'ennemi à abattre puisqu'elle défie toutes nos prétentions à établir un ordre rationnel sur terre. Elle était hier génératrice de rédemption, elle sera maintenant génératrice de réparation. Mais par un étrange paradoxe dont nous développerons les conséquences, plus on la pourchasse, plus elle prolifère, se multiplie. Tout ce qui résiste au clair pouvoir de l'entendement, à la satisfaction des sens, à la propagation du progrès prend alors le nom de souffrance : la société du bonheur proclamé devient peu à peu une société hantée par la détresse, talonnée par la peur de la mort, de la maladie, du vieillissement. Sous un masque souriant, elle flaire partout l'odeur irrespirable du désastre.

Enfin, à peine émancipé du carcan moralisateur, le plaisir découvre sa fragilité et rencontre un autre obstacle majeur : l'ennui. Il ne suffit pas de balayer tabous et craintes pour jouir en toute sérénité. Le bonheur répond à une économie, à des calculs, à des pesées, il a besoin de variétés autant que de contrastes. La satisfaction lui est aussi fatale que l'empêchement. Là encore Voltaire, à la fois pionnier et critique, semble avoir tout dit. L'homme, écrit-il dans *Candide*, est partagé « entre les convulsions de l'inquiétude et la léthargie de l'ennui ». Et Julie dans *La Nouvelle Héloïse* ira plus loin encore : « Je ne vois partout que des sujets de contentement et je ne suis pas contente (…) je suis trop heureuse et je m'ennuie » (VIe Partie, Lettre VIII). Propositions scandaleuses qui remettent en question l'euphorie officielle sans toutefois la récuser : le bonheur est délicat non parce qu'il succombe sous le poids des interdits mais parce qu'il s'épuise de lui-même dès qu'il se donne libre cours. Et c'est à partir du XVIIIe siècle que la félicité et la vacuité marcheront main dans la main (selon un tandem que l'Antiquité avait déjà associé).

Bref à peine porté sur les fonts baptismaux le bonheur se heurte à deux obstacles : il se dilue dans la vie ordinaire et croise partout la douleur opiniâtre. A certains égards les Lumières se sont assigné un but démesuré : ne pas démériter du christianisme dans ce qu'il a de meilleur. Voler aux religions leurs prérogatives pour faire mieux qu'elles, tel fut et tel reste le projet de la modernité. Et les grandes idéologies des deux derniers siècles (marxisme, socialisme, fascisme, libéralisme) ne furent peut-être que des substituts terrestres aux grandes confessions afin de garder au malheur humain un sens minimum. Sans quoi, il deviendrait proprement insupportable. La modernité reste donc hantée par cela même qu'elle prétend avoir dépassé. Ce qui devait être abandonné, laissé derrière soi, revient obséder les générations présentes à la manière d'un remords, d'une nostalgie. Ce pourquoi, comme le disait génialement Chesterton, le monde contemporain est « rempli d'idées chrétiennes devenues folles». Le bonheur est une de ces idées. Au moins le XVIIIe siècle ne fut-il pas le siècle du bien-être arrogant mais du bien-être fragile, de la sensibilité toujours à vif qui s'émeut de ne pas retrouver dans le réel les attentes qu'elle y avait placées. Le XXe siècle n'aura pas cette prudence.

Chapitre III

LES DISCIPLINES DE LA BÉATITUDE

« Ici, nous sommes heureux. »

Slogan castriste à Cuba.

« Castorama, partenaire du bonheur. »

Publicité française.

« Le dalaï-lama est heureux et respire le bonheur. »

Sa Sainteté le dalaï-lama
et Howard Cutler, *L'Art du bonheur*,
Robert Laffont, 1999, p. 27.

« Quand on se lève le matin, on a le choix d'être ou
bien de bonne ou bien de mauvaise humeur. Le choix
subsiste toujours. Lincoln disait que les gens peuvent être
aussi heureux-malheureux qu'ils ont décidé de l'être. Se
répéter : "Tout va merveilleusement bien, la vie est belle,
je choisis le bonheur". Devenir l'artisan de son propre
bonheur, se faire un devoir d'être heureux. Dresser une
liste de pensées positives et heureuses et les répéter plusieurs fois par jour. »

Norman Vincent Peale,
La Puissance de la pensée positive,
Edition Voie positive, Marabout,
1990 pour la traduction française.

En 1929, Freud publiant *Malaise dans la civilisation* déclare le bonheur impossible : il est la part toujours croissante de ses désirs que l'individu doit abandonner pour vivre en société, toute culture s'édifiant sur le renoncement aux instincts. Et puisque le malheur nous menace de toutes parts, dans notre corps, dans la nature, dans nos rapports avec les autres, Freud en tire la conclusion suivante : « Il n'est point entré dans le plan de "la Création" que l'homme soit heureux. Ce qu'on nomme bonheur au sens le plus strict résulte d'une satisfaction plutôt soudaine de besoins ayant atteint une haute tension et n'est possible de par sa nature que sous forme de phénomène épisodique[1]. »

Or de chimérique pour le père de la psychanalyse, la félicité est devenue quasi obligatoire à peine cinquante années plus tard. C'est qu'entre-temps une double révolution a eu lieu. D'une part le capitalisme est passé du système de la production basée sur l'épargne et le travail à celui de la consommation qui suppose dépense et gaspillage. Nouvelle stratégie qui intègre le plaisir au lieu de l'exclure, efface l'antagonisme entre la machine économique et nos pulsions et fait de ces dernières le moteur même du développement. Mais surtout l'individu occidental s'est émancipé du carcan de la collectivité, du premier âge autoritaire des démocraties pour acquérir un plein statut

---

1. Sigmund Freud, *Malaise dans la civilisation*, PUF, p. 20.

d'autonomie Etant « libre » désormais, il n'a plus le choix : les obstacles sur la route de l'Eden s'étant évanouis, il est « condamné » en quelque sorte à être heureux ou pour le dire autrement il ne peut s'en prendre qu'à lui-même s'il n'y parvient pas.

Car l'idée de bonheur au XXᵉ siècle connaît deux destins : alors que dans les pays démocratiques, elle se traduit par un appétit de jouissances effrénées – quinze ans à peine séparent la libération d'Auschwitz des premiers fastes du consumérisme en Europe et en Amérique –, ailleurs, dans l'univers communiste, elle sombre dans le régime de la béatitude imposée pour tous. Combien de charniers creusés au nom de la volonté de faire le Bien, de rendre les hommes meilleurs malgré eux ? Mis au service d'une vision politique, le bonheur constitua un infaillible instrument de tueries. Au regard des cités radieuses de demain, aucun sacrifice, aucune épuration de la vermine humaine n'étaient assez grands. L'idylle promise a tourné à l'épouvante.

Ce n'est pas de cette dérive totalitaire bien connue que nous traiterons ici, pas plus de la coercition du type Orwell que du gavage émotionnel imaginé par Huxley (encore que beaucoup de traits de nos sociétés évoquent *Le Meilleur des mondes* ou *1984*). Nous étudierons plutôt un autre dispositif propre à l'ère individualiste et qui ressort de la construction de soi-même comme tâche infinie. Comme si l'ordre, ayant cessé de parler le langage de la loi, de l'effort, avait décidé de nous bichonner, de nous assister ; comme si une sorte d'ange accompagnait chacun de nous et lui soufflait à l'oreille : surtout n'oublie pas d'être heureux. Les contre-utopies s'insurgeaient contre un monde trop parfait régi comme une horloge ; désormais nous portons l'horloge en nous.

LES ENCHANTEMENTS VOLONTAIRES

Par quel mécanisme pervers un droit chèrement acquis est-il devenu une loi et l'interdit d'hier la norme du jour ? C'est que toute notre religion de la félicité est animée par l'idée de maîtrise : nous serions maîtres de notre destin comme de nos ravissements, capables de les édifier et de les convoquer à loisir. Voilà le bonheur entré à côté de la technique et de la science dans la liste des exploits prométhéens : nous devrions le produire au double sens du terme, le susciter et l'afficher. Ce dont témoigne toute une nébuleuse intellectuelle au cours du siècle écoulé et qui repète de mille façons un credo identique : le contentement est une question de volonté. C'est en France par exemple le philosophe Alain qui, dans ses *Propos* rédigés de 1911 à 1925, best-seller incontesté depuis leur parution, identifie la joie à l'exercice physique et la mélancolie aux humeurs. Contre les jérémiades et la morosité, il faut «jurer d'être heureux» et enseigner cet art aux enfants. Les hommes qui prennent le parti d'être enjoués et de ne jamais se plaindre devraient être récompensés.

Quelle que soit la situation, aigreurs d'estomac, jour de pluie, bourse à sec, «c'est un devoir envers les autres que d'être heureux[1]». Ce bonheur de volonté chez Alain relève plutôt de l'art des manières et de la politesse : il «est poli d'être gai» (Marie Curie), de ne pas étaler ses disgrâces devant autrui, de faire bonne figure afin de maintenir une sociabilité plaisante. Ce pourquoi cette civilité de l'agréable se prête à la maxime plutôt qu'au système.

C'est encore André Gide qui dans *Les Nourritures terrestres* (1897) lance un véritable manifeste de la joie de la chair et des sens et prône une éthique de la ferveur qui privilégie le désir sur la satiété, la soif sur l'étanchement, la disponibilité sur la possession. Mais dans *Les Nouvelles Nourritures* (1935) ce sensualiste militant défend ce qui va devenir le credo de notre époque : l'ère du bonheur comme droit, mot d'ordre d'une génération «qui monte tout armée de joie vers la vie». «Une somme de bonheur est due à chaque créature selon que son cœur et ses sens en supportent. Si peu que l'on m'en prive, je suis volé.»

---

1. Alain, *Propos sur le bonheur*. L'expression «devoir de bonheur» vient de Malebranche qui l'identifie au perfectionnement spirituel et fait de la réhabilitation de l'amour-propre l'un des instruments du salut. Elle est utilisée par Kant comme un impératif hypothétique qui prépare le règne de la loi morale : «Assurer son propre bonheur est un devoir (au moins indirect) car le fait de ne pas être content de son état, de vivre pressé de nombreux soucis et au milieu de besoins non satisfaits pourrait devenir aisément une grande tentation d'enfreindre ses devoirs» (*Fondements de la métaphysique des mœurs*). Enfin il est prôné par les utilitaristes qui mettent en avant l'obligation pour chacun de maximiser ses potentialités au nom du plaisir.

C'est enfin l'explosion de Mai 68 et sa libération proclamée de tous les désirs. Le mouvement avait été précédé un an avant du livre d'un situationniste, Raoul Vaneigem, qui, dans son *Traité de savoir-vivre à l'usage des jeunes générations*[1], réussissait l'exploit d'annoncer et de synthétiser l'esprit de cette période. Dans cet ouvrage tout bouillonnant de fureur, d'exaltation, l'auteur fustige la survie où végète l'humanité par la faute d'une bourgeoisie moribonde et mercantile. Contre cette servitude, il prône la libre fédération des subjectivités qui seule permettra « l'ivresse des possibles, le vertige de toutes les jouissances mises à la portée de tous ». A côté d'un appel au crime et au bain de sang pour liquider les exploiteurs et les « organisateurs de l'ennui », on doit à Vaneigem quelques-uns des plus beaux slogans de Mai : « Nous ne voulons pas d'un monde où la garantie de ne pas mourir de faim s'échange contre la certitude de mourir d'ennui », ou encore ce cri pathétique : « Nous étions nés pour ne jamais vieillir, pour ne mourir jamais. » C'est peu dire que Vaneigem revendiquant l'héritage de Sade, Fourier, Rimbaud et des surréalistes exprime une conception volontariste de l'existence : l'intensité se gagne selon lui par un combat sans merci entre l'esprit de soumission et les forces de la liberté. Pas de demi-mesure : il faut entamer une double bataille contre l'esclave en soi et les multiples maîtres qui veulent nous asservir. Ou la vie intégrale ou la défaite absolue : « Malheur à

---

1. Gallimard, 1967.

celui qui abandonne en chemin sa violence et ses exigences radicales (…) dans chaque renoncement, la réaction ne prépare rien d'autre que notre mort totale. »

Les acteurs de Mai 68 et Vaneigem lui-même récusaient avec dégoût le mot bonheur qui sentait la niaiserie petite-bourgeoise, les fades idylles du consumérisme, la psychologie de bazar. Comme avant eux beatniks et hippies, ils protestaient contre une certaine allégresse conforme des années 50 incarnée par le rêve américain, une famille unie recueillie autour d'une voiture et d'un pavillon de banlieue, l'alliance du conjugo et du réfrigérateur sous le sourire extatique de la publicité. Ce que Henry Miller, dans un texte d'une rare violence contre l'Amérique, avait appelé en 1954 « le cauchemar climatisé ». Mais par un de ces clins d'œil dont l'Histoire est coutumière, cette révolte menée au nom du désir se figera à son tour en un nouveau dogme du bonheur : on s'insurgeait moins contre lui que contre une définition trop restrictive de ses attributs. On a ainsi renouvelé son contenu sans le tuer et comme souvent les principaux adversaires du système se sont révélés ses meilleurs alliés…

Mais les années 60 réactivent aussi une illusion directement issue des Lumières : que la vertu et le plaisir, la morale et les instincts peuvent se conjuguer pour conduire l'homme sans efforts au Devoir [1]. Le bonheur

---

1. Sur la manière dont la loi naturelle en vient à se confondre avec l'impératif moral, voir Robert Mauzy, *op. cit.*, pp. 145 sqq.

et la Loi sont compatibles, croit l'optimisme rationaliste du XVIIIᵉ siècle. Quiconque désire ne saurait être coupable, s'exclament les années 60-70, le péché ne procède que des interdits. Telle fut la chimère d'un temps qui a tenu toutes les inclinations pour également respectables et a cru dans leur convergence harmonieuse. Nul soupçon alors qu'une telle glorification du caprice souverain, du désir innocent qui seul décide du bien et du mal peut justifier les pires violences, ce que Sade, plus lucide que nos modernes libertins, avait bien compris. A quoi il faut ajouter cette espérance sublime et grotesque (qu'ont propagée à un titre ou à un autre Groddeck, Reich ou Marcuse) selon quoi la jouissance et l'orgasme restent les meilleurs moyens de subvertir la société mais aussi de défier la mort et la vieillesse lesquelles, soutenait Vaneigem, ne procèdent nullement de la nature mais d'un «gigantesque envoûtement social».

Ce qui commence avec Alain et s'accentue pour culminer à la fin du siècle, c'est l'idée que nous passons du bonheur comme droit au bonheur comme impératif. Nous sommes les héritiers de ces conceptions même si nous n'en avons retenu aucune à la lettre puisqu'elles ont cristallisé en une mentalité commune dans laquelle nous baignons tous aujourd'hui. Non seulement plaisir, santé, salut sont devenus synonymes puisque le corps est désormais l'horizon indépassable mais surtout il devient suspect de ne pas être rayonnant. C'est là transgresser un tabou qui commande à chacun de désirer son accomplissement maximal.

On objectera qu'il y eut au XXe siècle d'autres conceptions plus sombres de la vie, l'existentialisme, les philosophies de l'angoisse, sans compter la littérature, qui maintinrent vivante une vision tragique. Mais ces doctrines ont toutes été peu ou prou des doctrines de l'affranchissement, de la solitude de l'homme se donnant à lui-même sa loi, sans dieux. Or notre fin de siècle, suivant une pente déja observée au XIXe, a mis la liberté au service du bonheur et non l'inverse et a vu en ce dernier l'apothéose de toute une trajectoire émancipatrice. Benjamin Constant l'avait déjà noté qui définissait la liberté des Modernes comme «la sécurité dans les jouissances privées» et le souci farouche de l'indépendance individuelle. Longtemps on a opposé l'idéal du bonheur à la norme bourgeoise de la réussite ; voilà ce même bonheur devenu un des ingrédients de la réussite. Albert Camus pouvait encore défendre dans les années 50 le goût éperdu du plaisir et des noces avec le monde contre la vulgate stalinienne et la pruderie officielle française. Vingt ans plus tard ce même goût était devenu un slogan publicitaire. Désormais, redoutable privilège, je me dois le bonheur autant qu'on me le doit. Ce droit dont je suis le principal garant me crédite d'un pouvoir sur moi-même qui peut m'exalter mais aussi peser comme un fardeau : si l'enchantement dépend de ma seule décision, je suis seul coupable de mes revers. Il me suffirait donc, pour être bien, de le vouloir, de décréter ou de programmer mon bien-être à ma guise ?

JOUISSANCES IRRÉFUTABLES

D'où vient que la critique de la société de consommation ait abouti si vite dès les années 60 au triomphe du consumérisme ? C'est que les mots d'ordre lancés alors : « Tout tout de suite », « A mort l'ennui », « Vivre sans temps mort et jouir sans entraves », s'appliquaient moins au domaine de l'amour et de la vie qu'à celui de la marchandise. On croyait subvertir l'ordre établi, on favorisait en toute bonne foi la propagation du mercantilisme universel. C'est dans l'ordre de la faim et de la soif que toutes choses doivent être immédiatement accessibles alors que le cœur et le désir ont leurs rythmes propres, leurs intermittences. L'intention était libertaire, le résultat fut publicitaire : on a moins libéré la libido que notre appétit d'achats sans limites, notre capacité de faire main basse sans restriction sur tous les biens. Belle image du révolutionnaire en prospecteur attitré du capital, ce qu'ont été finalement le mouvement ouvrier, le marxisme et la gauche radicale, capables de critiquer une faille du système et de permettre à ce dernier de se réformer à moindres frais. Un peu comme ces hippies qui ont découvert les hauts lieux du tourisme en Asie, en Afrique ou dans le Pacifique trente ans avant tout le monde alors qu'ils étaient mus par le désir de fuir et de s'isoler.

Absurdité de critiquer la consommation, luxe d'enfants gâtés. Elle a ceci d'attrayant qu'elle offre un idéal simple, inépuisable, accessible à tous pourvu qu'on soit solvable. Elle n'exige d'autre formalité que d'avoir envie et de payer. On y est gavé, saturé comme un bébé nourri à la cuillère. Quoi qu'on en pense, l'on s'y amuse beaucoup puisque, comme dans la mode, on adopte passionnément ce qui nous est proposé comme si on l'avait soi-même choisi. On le sait depuis Charles Fourier : on ne réfute pas un plaisir par des anathèmes, on l'absorbe, on le supplante par un plus grand. Le consumé-

risme vous révulse comme vous révulsent ces veaux qui pié-
tinent dans les supermarchés et les grands magasins ? Inventez
d'autres joies, créez de nouvelles tentations ! Mais de grâce
cessez de geindre !

UNE COERCITION CHARITABLE

C'est une étrange aventure que celle de la libération
des mœurs et on a beau la connaître par cœur, on ne
se lasse pas de la répéter, d'en savourer l'amer retour-
nement. Pendant des siècles le corps a été réprimé,
écrasé au nom de la foi ou des convenances au point
de devenir en Occident le symbole de la subversion.
Or maintenant qu'il est libéré se passe un étrange phénomène : au lieu de jouir en toute innocence, les
hommes ont transféré l'interdit à l'intérieur de la
jouissance. Celle-ci, devenue anxieuse d'elle-même, a
érigé son propre tribunal et se condamne, non plus au
nom de Dieu ou de la pudeur, mais de son insuffisance : elle n'est jamais assez forte, assez conforme.
Jadis ennemies irréductibles, morale et bonheur ont
fusionné ; c'est de ne pas être heureux qui est immo-
ral aujourd'hui, le Surmoi s'est installé dans la citadelle de la Félicité et la dirige d'une main de fer. Fin
de la culpabilité au profit d'un tourment sans fin. La
volupté est passée de l'état de promesse à l'état de
problème. L'idéal de la plénitude succède à celui de
la contrainte pour devenir à son tour contrainte de

plénitude[1]. Chacun de nous, responsable de son tonus, de sa bonne humeur, n'a plus à renoncer mais à s'adapter selon les voies d'un perfectionnement qui rejette toute inertie. L'ordre a cessé de nous condamner ou de nous priver, il nous indique les chemins de la réalisation avec une sollicitude toute maternelle.

On aurait tort de prendre cette générosité pour un affranchissement. Il s'agit là d'un type de coercition charitable qui engendre le malaise dont elle s'efforce ensuite de délivrer les êtres. Les statistiques qu'elle diffuse, les modèles qu'elle affiche suscitent une nouvelle race de fautifs, non plus les sybarites ou les libertins mais les tristes, les rabat-joie, les dépressifs. Le bonheur n'est plus une chance qui nous arrive, un moment faste gagné sur la monotonie des jours, il est notre condition, notre destin. Quand le souhaitable devient possible, il est aussitôt intégré à la catégorie du nécessaire. Incroyable rapidité avec laquelle l'édénique d'hier devient l'ordinaire d'aujourd'hui. C'est une morale de battants qui investit la vie quotidienne et laisse derrière elle de nombreux battus et de nombreux abattus. Car il existe une redéfinition du statut social qui n'est plus seulement du côté de la fortune ou du pouvoir mais aussi de l'apparence : il ne suffit pas d'être riche, encore faut-il avoir l'air en forme,

---

1. Selon une logique déjà étudiée dans Pascal Bruckner et Alain Finkielkraut, *Le Nouveau Désordre amoureux*, Seuil, 1977, et réélaborée notamment par Jean-Claude Guillebaud dans *La Tyrannie du plaisir*, Seuil, 1998, qui pose la question de la place de l'interdit dans une société moderne.

nouvelle espèce de discrimination et de faire-valoir qui n'est pas moins sévère que celle de l'argent. C'est toute *une éthique du paraître bien dans sa peau* qui nous dirige et que soutiennent dans leur ébriété souriante la publicité et les marchandises.

« Devenez votre meilleur ami, gagnez l'estime de vous-même, pensez positif, osez vivre en harmonie, etc. » : la multitude des livres sur le sujet laisse à penser que ça n'est pas si facile. Le bonheur ne constitue pas seulement, avec le marché de la spiritualité, la plus grande industrie de l'époque, il est aussi et très exactement le nouvel ordre moral : de là que la dépression prolifère, que toute rébellion contre cet hédonisme gluant invoque constamment le malheur et la détresse. Nous voilà coupables de ne pas être bien, mal dont nous devons répondre devant tous les autres et devant notre juridiction intime. Ainsi de ces fabuleux sondages dignes des anciens pays du bloc communiste où les personnes interrogées par un magazine se disent heureuses à 90 % ! Nul n'oserait avouer qu'il est parfois démuni de peur de se dévaluer socialement[1]. Etrange contradiction de la doctrine des plaisirs quand elle se fait militante, reprend aux interdits leur force de pression et se contente d'en inverser le cours. Il faut transformer l'incertaine attente du ravissement en un serment et une semonce que l'on s'adresse à soi-même, convertir la difficulté d'être en douceur permanente. Au lieu d'admettre que le bonheur est un art de l'indirect qui arrive ou n'arrive pas à travers des buts

---

1. Enquête du *Figaro-Magazine*, 10 novembre 1998.

secondaires, on nous le propose comme un objectif immédiatement accessible, recettes à l'appui. Quelle que soit la méthode choisie, psychique, somatique, chimique, spirituelle ou informatique (il est des gens pour voir dans Internet autre chose qu'un outil génial, le nouveau Graal, la démocratie planétaire réalisée[1]), le présupposé est le même partout : le contentement est à votre portée, il suffit de s'en donner les moyens par un « conditionnement positif », une « discipline éthique » qui vous amènera jusqu'à lui[2]. Formidable inversion de la volonté qui tente d'instaurer son protectorat sur des états psychiques, des sentiments traditionnellement étrangers à sa juridiction. Elle s'exténue à vouloir changer ce qui ne dépend pas d'elle (au risque de ne pas toucher à ce qui peut être changé). Non content d'être entré dans le programme général de l'Etat-Providence et du consumérisme, le bonheur est aussi devenu un système d'intimidation de tous par chacun dont nous sommes à la fois victimes et complices. Terrorisme consubstantiel à ceux qui le subissent puisqu'ils n'ont qu'une issue pour parer aux attaques : faire honte à leur tour aux autres de leurs lacunes, de leur fragilité.

---

1. Voir à ce propos le livre pertinent de Bertrand Leclair, *L'Industrie de la consolation*, Verticales, 1998.

2. Le dalaï-lama, *L'Art du bonheur, op. cit.*, p. 53. « Il faut construire un monde où les enfants seront constamment immergés dans une atmosphère positive », dit-il d'autre part dans ses entretiens avec Fabien Ouaki, *La vie est à nous*, Presses-Pocket, 1998, p. 145.

Il existe donc deux domaines privilégiés du devoir de béatitude : la sexualité et la santé puisque l'une et l'autre se mesurent et font l'objet d'une attention continuelle.

Eros a ceci de particulier qu'il rend l'amour calculable et le soumet au pouvoir des mathématiques ; dans le huis clos de la chambre à coucher les amants passent l'examen du bonheur et se demandent : sommes-nous à la hauteur ? C'est à leur sexualité, nouvel oracle, qu'ils demandent des preuves tangibles de leur passion. Combinaisons du modèle scolaire et gastronomique : la bonne recette conduit à la bonne note. De caresses en postures, de perversions en frissons, ils testent leur mariage ou leur union, établissent des bilans de jouissance, rivalisent avec d'autres couples en démonstrations bruyantes, en épanchements exhibitionnistes, s'attribuent des prix d'excellence ou des mentions « passable » et cherchent ainsi à se rassurer sur l'état de leurs sentiments. Toujours guetté par l'indécision, l'amour croit y gagner en évidence et en clarté. Le plaisir érotique n'est pas seulement une vieille audace que la libéralisation des mœurs a transformée en poncif : au sein de l'usure et des intermittences du cœur, il est la seule chose sur laquelle les êtres puissent faire fond et qui leur permette de convertir en quantités mémorables les émotions fugitives qui les traversent. C'est ainsi que par la magie des chiffres on évalue son entente, on vérifie son bon rendement voluptueux.

De la même façon, l'obsession de la santé tend à médicaliser chaque instant de la vie au lieu de nous autoriser une agréable insouciance. Cela se traduit par l'annexion au domaine thérapeutique de tout ce qui relevait jusque-là de l'ordre du savoir-vivre : rituels et agréments collectifs sont convertis en soucis, estimés en fonction de leur utilité ou de leur nocivité. La nourriture par exemple ne se départage plus entre bonne et mauvaise mais entre saine et malsaine. Le conforme l'emporte sur le savoureux, le calibré sur l'irrégulier. La table n'est plus seulement l'autel des succulences, un moment de partage et d'échanges mais un comptoir de pharmacie où l'on pèse minutieusement graisses et calories, où l'on mâche avec conscience des aliments qui ne sont déjà plus que des médicaments. Il faut boire du vin, non par goût mais pour renforcer la souplesse de ses artères, manger du pain aux céréales pour accélérer son transit, etc. Le paradoxe étant que le pays où triomphe cette hantise hygiénique, les Etats-Unis, soit aussi le pays de la « malbouffe » et de l'obésité galopante. Car l'important n'est plus de vivre pleinement le temps qui nous est alloué mais de tenir le plus tard possible : à la notion d'étapes de la vie succède celle de longévité.

La durée devient une valeur canonique même si on doit la conquérir au prix de terribles restrictions : tel cet étudiant américain qui ne fait qu'un repas par jour pour atteindre l'âge canonique de 140 ans et avoue, derrière une silhouette famélique, un terrible cafard.

Ou ces fanatiques de la prolongation qui prennent jusqu'à 80 molécules quotidiennes afin de passer la barre fatidique des cent ans. Gagner du temps : jusque-là cela voulait dire se garder des moments disponibles sur les tâches serviles, harassantes. Désormais cela signifie productivisme acharné, accumulation maniaque d'années supplémentaires arrachées à la chronologie. Nulle question de nier les extraordinaires progrès réalisés sur ce plan encore qu'en ce domaine, c'est moins la vie que l'on prolonge que le troisième âge lequel s'étire interminablement au risque de gonfler le peuple des vieillards aux dimensions d'un continent et de donner à l'Occident le visage d'un service de gériatrie (ce pourquoi le jeunisme est une idéologie de nations vieillissantes). Mais nos pitoyables excursions vers la Terre promise de la grande santé[1] n'ont rien à envier aux mortifications des anciens dévots. A vouloir éliminer toute anomalie, toute faiblesse on finit par nier ce qui constitue la principale vertu de la santé : l'indifférence à soi ou comme le disait Leriche le « silence des organes » (même si ce dernier est trompeur). On ne porte plus le cilice pour réfréner les élans d'une chair rebelle mais pour punir un corps imparfait de ne pas correspondre au modèle idéal. Aboutissement de la vieille prédiction chrétienne de l'immortalité et de la résurrection des « corps glo-

---

1. Lucien Sfez a très bien démonté cette nouvelle utopie de la santé parfaite avec son ambition bio-écologique de purifier l'homme et la planète et de recréer un nouvel Adam technologique et parfait : *La Santé parfaite*, Seuil, 1995.

rieux », incorruptibles, imputrescibles, immarcescibles et dont toute la science-fiction s'est faite l'écho. Nos délires scientistes viennent directement de la religion dont ils se veulent l'accomplissement.

Seul un malade peut considérer que « la santé c'est le bonheur[1] ». Pour un bien portant elle est un état de fait ni plus ni moins. En faire l'équivalent de la félicité c'est sous-entendre que nous sommes tous des moribonds qui s'ignorent et qu'il faut révéler à eux-mêmes. Désormais, on doit toujours se sauver de quelque chose, d'une tension trop haute, d'une digestion imparfaite, d'une tendance à l'embonpoint, l'on n'est jamais assez mince, assez musclé, assez bronzé. L'idéal thérapeutique devient une idée fixe qui ne nous quitte jamais et que les médias et nos proches nous rappellent incessamment. Au nom de cette norme, encore aggravée par la médecine prédictive et le dépistage génétique, nous devenons tous des invalides potentiels qui scrutent avec angoisse leurs kilos superflus, leur rythme cardiaque, l'élasticité de leur peau. Etrange acharnement à s'examiner, à se fustiger et qui fait du corps comme jadis dans le christianisme le lieu d'une menace latente (Baudrillard). Mais nous risquons moins désormais les flammes de l'Enfer que l'amollissement, l'écroulement de notre apparence. Et puisque la forme est un signe d'élection, comme la fortune l'était pour les calvinistes, la récompense de ceux qui se sont donné du mal, se négliger devient à l'inverse synonyme de déchéance, de mise au rancart. D'où cette comparai-

---

1. Publicité de la revue *Santé Magazine,* janvier 2000.

son fréquente de nos salles de musculation et de leurs appareils avec les instruments de torture du Moyen Age : sauf qu'ici nous sommes tous des suppliciés volontaires. Et le body-building manifeste bien ce rêve de recréation de son anatomie par soi-même avec cet étonnant paradoxe qu'un excès de muscles tend à rapprocher le corps de celui d'un écorché comme si l'intérieur se déposait sur la peau, se retournait à la façon d'un gant et devait témoigner, par toutes les veines et tendons visibles, de l'outrage qu'on s'est infligé.

L'ADIEU À L'INSOUCIANCE

La santé annexe donc tous les domaines de l'existence : déjà en 1978 à Atlanta, l'OMS l'avait définie comme «le bien-être complet, physique, mental et social». Pour y accéder rien ne doit être négligé, pas même les méthodes spirituelles. Réconciliation magique de toutes les valeurs : être bon fait du bien [1], la compassion augmente le taux d'immunoglobuline A, un anticorps qui aide à combattre les infections respiratoires, accroît l'espérance de vie, atténue la dépres-

---

1. «La compassion que j'exerce me fait du bien, en retour. Elle est la meilleure des protections et j'en suis le premier bénéficiaire. Elle m'assure la paix intérieure, la santé du corps, des jours heureux, une longue vie. Sans parler des vies à venir.» (Le dalaï-lama et Jean-Claude Carrière, *La Force du bouddhisme*, Presses-Pocket, 1998, p. 129. Un des rares livres d'entretien avec Sa «Sainteté» où l'interviewer dépasse de très loin l'interviewé.)

sion[1]; la paix de l'esprit attire l'amitié et l'argent[2]; croire en Dieu est excellent pour la santé et ceux qui ont la foi connaissent une longévité renforcée, tout cela est attesté scientifiquement[3] ! D'où cette demande illimitée de services médicaux, pharmaceutiques, esthétiques, mystiques, la conversion du médicament en pro-

---

1. « Quand David McClelland, psychologue à Harvard, a montré à un groupe d'étudiants un film sur le travail de Mère Teresa auprès des malades et des pauvres de Calcutta, les étudiants ont admis que le film avait éveillé en eux des sentiments de compassion. Après quoi l'analyse de leur salive a révélé une augmentation du taux d'immunoglobuline A, un anticorps qui aide à combattre les infections respiratoires. Dans le cadre d'une autre enquête conduite par James House du centre de recherches de l'université du Michigan, les enquêteurs ont pu établir que participer régulièrement à des missions bénévoles, agir auprès des autres avec chaleur et compassion augmente nettement l'espérance de vie et probablement la vitalité générale. Par ailleurs venir en aide aux autres induit un sentiment de bonheur, apaise l'esprit, atténue la dépression. » (Le dalaï-lama et Howard Cutler, *L'Art du bonheur, op. cit.*, pp. 122-123.)

2. « Je place donc la paix de l'esprit à la première place : si vous avez l'esprit en paix, la santé suivra : les êtres paisibles attirent les bons compagnons et une disposition heureuse attire généralement l'argent. En tous cas, celui ou celle qui a l'esprit en paix utilisera l'argent de façon correcte. » (Le dalaï-lama et Fabien Ouaki, président du groupe des magasins Tati, *La vie est à nous, op. cit.*, p. 26.)

3. « De récentes enquêtes paraissent confirmer que la foi contribue de façon substantielle au bonheur et attestent que les gens qui sont animés d'une foi, quelle qu'elle soit, se sentent en général plus heureux que les athées. D'après ces études, la foi permet de mieux affronter l'âge, les périodes critiques ou les événements traumatisants. Qui plus est, les statistiques montrent que les familles des individus animés d'une foi puissante présentent des taux de délinquance, d'alcoolisme, de consommation de médicaments et d'échec matrimonial plus bas. Certains indices tendent même à démontrer que la foi est bénéfique à la santé, même en cas de maladies graves. Des centaines d'études épidémiologiques attestent un lien entre la foi, un taux de mortalité plus bas et une meilleure santé. » (Le dalaï-lama et Howard Cutler, *L'Art du bonheur, op. cit.*, p. 283.)

thèse destinée à améliorer notre satisfaction, freiner la dégradation de nos sens, atténuer l'angoisse. Autant de stupéfiants parfaitement licites et analogues au *soma* du *Meilleur des mondes* de Huxley, censés tels le Prozac ou la mélatonine réguler nos humeurs, nous protéger de l'adversité, nous maintenir jeunes jusqu'à la fin[1]. Avec le danger, propre aux remèdes miracles, de délégitimer le mal de vivre, de frapper la difficulté d'être du sceau de l'infirmité (c'est également le risque du Viagra, s'il est utilisé par confort, que de pénaliser les lapsus du désir au nom d'une performance érigée en absolu, que de nier la fragilité de la chair dans ses engourdissements comme dans ses triomphes). On est loin de la sagesse classique qui nous prodiguait ses conseils pour nous épargner les tracas quotidiens : Alain encore multipliait les recommandations pour arrêter de tousser, se guérir du hoquet, se débarrasser d'un moucheron dans l'œil, ne pas s'ennuyer en chemin de fer. Techniques efficaces dans un domaine circonscrit et qui ne prétendaient nullement embrasser la totalité de la vie. Mais avec la chimie, d'autant plus séduisante qu'elle rend d'immenses et d'incontestables services, on nous offre

---

1. William Regelson, professeur à la faculté de médecine de Virginie et promoteur de la mélatonine, imagine ainsi le scénario du bonheur à venir : « C'est votre anniversaire. Vous adorez votre travail mais vous avez annulé vos rendez-vous de l'après-midi pour le fêter. Vous allez jouer au squash avec un ami puis vous irez rejoindre votre femme dans un club de jazz. Vous avez réservé la suite Lune de Miel où il y a un jacuzzi. Le lendemain vous irez faire du roller-blade avec vos arrière-petits-enfants dans le parc : ceci n'est plus le scénario futuriste de vos petits-enfants mais votre vie à vous. » (Cité in *Le Nouvel Observateur*, par Sarah Daniel, 1995.)

des « extases portatives » (Thomas De Quincey à propos de l'opium), le souverain bien sous la forme d'un petit comprimé.

La santé a ses martyrs, ses pionniers, ses héros, ses saints mais, dans tous les cas, elle doit nous coûter au double sens du terme, financièrement et psychologiquement, par toutes sortes de contrôles, de surveillances. *Elle nous met en position de ne jamais nous oublier* puisque maladie et guérison se distinguent de moins en moins au risque de créer une société d'hypocondriaques, de « dysfonctionnants » permanents. Le seul crime que nous puissions commettre à son égard, c'est de ne pas penser à elle jour et nuit. Dès l'enfance nous sommes mis en demeure de racheter notre imperfection, de nous remodeler des pieds à la tête. Ce travail sur soi, cette interminable inspection, dût-elle porter sur des choses aussi futiles que préparer son bronzage ou mincir en prévision des vacances, est l'équivalent d'une rédemption morale. Car nos professeurs de bien-être, qu'ils soient religieux, psychologues, philosophes ou médecins, sont de gentils inquisiteurs qui tarissent en chacun la principale source de joie : le détachement, l'insouciance, l'omission des petits maux quotidiens. (C'est ce qu'on appelle l'état de grâce : cette parenthèse d'enchantement où l'on tient à distance la meute hurlante des tourments, où le hasard et la chance se coalisent pour nous inonder de leurs bienfaits.) Alors qu'à l'époque médiévale, chaque vivant était un mort en sursis, aujourd'hui, grâce à la science, chacun est promis à devenir un immortel en puissance ; mais que de peines, de sacrifices pour gagner quelques années et accéder au « paradis » des centenaires. Peut-être devrons-nous un jour, contre le nouveau dogme de l'immortalité, réclamer le droit de mourir, tout simplement, comme nos ancêtres.

L'angoisse réside dans la peur de ne pas tenir son rang, de manquer de tonus, de punch au sein de cet univers hautement concurrentiel. On se jauge, on se châtie avec la minutie d'un directeur de conscience. Il y a longtemps que le bonheur majoritaire a quitté les seuls territoires de la mièvrerie, du roman rose, de la littérature de gare : il est aussi dur, exigeant, inflexible[1]. C'est une mortification qui nous vient sous le masque de l'aménité et de la mansuétude et nous commande de ne jamais nous satisfaire de notre état. A la physionomie sévère des anciens prédicateurs a succédé le sourire omniprésent des nouveaux. La thérapie par le sourire : c'est l'avantage incontestable, en termes de marché, des bouddhistes sur les chrétiens. Ce pourquoi les premiers progressent tant chez les riches des pays tempérés alors que protestants et catholiques convertissent plutôt les pauvres des pays tropicaux.

On peut d'ailleurs s'interroger sur le succès médiatique du dalaï-lama, chez nous, contrepartie de son relatif échec politique. En faisant le pari de populariser le bouddhisme pour défendre la cause tibétaine, il

---

1. De là que la maladie du siècle soit, comme l'a bien vu Jean Cazeneuve, la crise de l'ajustement au bonheur préfabriqué, non pas le spleen ou la mélancolie mais l'ulcère et l'infarctus : *Bonheur et civilisation*, Gallimard, 1962, p. 202. De même Alain Ehrenberg a démontré de façon convaincante comment la dépression, l'anxiété, l'inhibition naissaient d'une *Fatigue d'être soi*, Odile Jacob, 1998.

a peut-être commis un contresens : il a réussi à faire du premier une mode en l'adaptant et en l'édulcorant, il a évacué la question du second. Venu d'exil, tel un Moïse asiate descendu de son Himalaya pour nous révéler des vérités essentielles, porteur d'une histoire et d'une culture extraordinaires et d'une tradition merveilleuse il s'est transformé avec le temps en un gourou mondain (comme avant lui les Rajnesh, les Mahesh-Yogi, comme aujourd'hui Deepak Chopra, le maître à penser des stars hollywoodiennes[1]), à mi-chemin du conseiller conjugal, du diététicien et du directeur de conscience, prodiguant ses réponses, car il a réponse à tout, avec tolérance et bonhomie. Comme s'il était devenu, probablement à son insu, un pur produit de marketing, une sorte de camelot spécialisé dans la sagesse et la sérénité, ponctuant chacune de ses interventions d'un éclat de rire légendaire. Supplément d'âme officiel d'un Occident matérialiste – le cœur serait plutôt réservé à l'abbé Pierre ou à feu Mère Teresa – il débite d'aimables fadaises exactement calibrées aux goûts du public européen et américain. Son talent propre aura été d'inventer comme Paolo Coelho un espéranto spirituel mondial accessible à tous sans barrières ni contraintes, un discours caméléon adaptable à n'importe quel auditoire. Ce champion de l'idéal monastique est l'objet d'un culte qui frise

---

1. Deepak Chopra est l'auteur, entre autres, de *Ageless Body, Timeless Mind* (Harmony Books, New York, 1999) où il défend l'idée selon laquelle la sénilité, l'infirmité et la mort appartiennent au passé alors que s'ouvre une réalité nouvelle centrée sur la créativité, la joie, l'accomplissement et l'éternelle vigueur.

LES ABONNÉS AU GUIGNON

Ceux-là entre deux voies choisissent toujours la pire et disposent d'un talent inouï pour se fourrer dans tous les guêpiers. Partent-ils en vacances ? C'est immédiatement pour se faire détrousser, attraper le virus le plus rare de la région. Chaque fête carillonnée, chaque jour férié les trouve amers, dépités comme s'ils se sentaient personnellement insultés par la liesse collective. Ils déploient une ingéniosité folle à rater tout ce qu'ils entreprennent et font « eux-mêmes leur propre malheur » (Paul Watzlawick) avec une constance et un taux de réussite qui forcent l'admiration. Leur vie ressemble très vite à un monceau de ruines qui les conforte dans l'idée de leur prédestination. Ils enchaînent les malchances avec un automatisme qui déclenche le rire un peu comme ces malades qui collectionnent les pathologies les plus atroces au point d'être à eux seuls une anthologie de la morbidité. Artisans passionnés de leur propre désastre, ils mettent un raffinement dans l'exposition du détail navrant qui ressortit presque à l'orfèvrerie. Leur mort sera aussi ridicule que leur vie, atroce bien sûr, mais sans grandeur.

Névrose d'échec ? Ça n'est pas certain. Car le malheureux chronique vise comme chacun de nous à être reconnu ; et la tuile est la seule signature qu'il puisse apposer sur le monde. Il a acquis de haute lutte le droit de dire du mal de cette vie et elle le lui rend bien ! Ce pauvre diable n'est à l'aise que dans la catastrophe : une bonne nouvelle le plongerait dans la confusion. Au contraire de la plupart d'entre nous, qui alternons bons et mauvais moments, sa constance dans la poisse le comble d'un orgueil paradoxal, le désigne discrètement comme un élu. Il est déchu peut-être mais du fond de sa misère, il siège sur un trône magnifique : le trône des réprouvés.

l'idolâtrie surtout chez ses disciples occidentaux ; ces ardents pourfendeurs de l'obscurantisme judéo-chrétien perdent face à lui tout sens critique, toute distance, se prosternent et s'extasient sans retenue. L'étonnant n'est pas que le dalaï-lama séduise – il a de quoi et la geste tibétaine est aussi fabuleuse que l'occupation chinoise est abjecte – mais qu'il succombe à ce succès avec une jubilation quasi enfantine, avide de toujours plus de publicité, d'estrades, d'entretiens. On est très loin, chez ce prophète cabotin, de l'exigence éthique et historique d'un mahatma Gandhi, d'un Martin Luther King, ces grands apôtres de la non-violence. Il était venu annoncer l'Orient, nous en avons fait un histrion à notre image. Au supermarché de la foi, il s'est hissé à la toute première place, évacuant pape, pasteurs, rabbins, patriarches, imams, décidément trop rébarbatifs. Sans préjuger de l'avenir, je ne suis pas certain que le bouddhisme et le peuple tibétain aient beaucoup gagné à cette promotion.

LE CHEMIN DE CROIX DE L'EUPHORIE

Le nouveau bonheur implacable cumule deux intimidations : il a le pouvoir discriminant de la norme et la puissance imprévisible de la grâce. C'est une bénédiction d'autant plus sournoise qu'elle n'est jamais sûre et que ses titulaires provisoires – les beaux, les heureux, les fortunés – peuvent en être dépossédés à chaque instant. A la petite minorité des reçus s'oppose la grande masse des recalés, des hérétiques stigmatisés comme tels. Injonction d'autant plus féroce qu'elle est approximative et se dérobe à mesure que nous nous inclinons devant elle. Il faut souffrir pour afficher le sourire carnassier des vainqueurs qui en ont eux-mêmes bavé pour arriver jusque-là et redoutent d'être à leur tour détrônés. C'est d'ailleurs le rôle de la presse prétendue frivole, masculine ou féminine, que de nous rappeler semaine après semaine ce précepte. A la fois récréative, éducative et coercitive ou pour parler son langage « pratique, drôle et sympa », elle soutient en permanence deux choses contradictoires : que la beauté, la forme, le plaisir sont à la portée de tous si l'on veut bien en payer le prix. Mais que ceux qui les négligent seront seuls responsables de leur vieillissement, de leur laideur, de leur manque à jouir. Versant démocratique : nul n'est plus condamné à ses défauts physiques, la nature n'est plus une fatalité. Versant punitif : ne vous tenez jamais pour quitte, vous pouvez faire mieux, le moindre relâchement vous précipitera dans l'enfer des ramollis, des avachis, des frigides[1]. Cette presse dite légère alors qu'elle est terriblement sévère bruit page après page d'impératifs catégoriques discrets mais prégnants : non contente de nous offrir des modèles d'hommes et de femmes toujours plus jeunes, plus parfaits, elle suggère à chacun un contrat tacite : fais comme je le dis et tu t'approcheras peut-être de ces êtres sublimes qui peuplent chaque numéro. Elle joue sur des peurs bien natu-

---

1. Ainsi de la couverture du magazine *Biba* de juillet 1999 : « Priorité au plaisir ! Si, si, vous pouvez faire mieux ! »

relles, vieillir, s'enlaidir, grossir, et ne les apaise que pour mieux les réveiller[1].

Tant qu'il restait un « superbe article de foi » (Cicéron), le bonheur pouvait faire rêver, demeurer le point de fuite d'un désir toujours vivant et vorace. Devenu le seul horizon de nos démocraties, relevant du travail, de la volonté et de l'effort, il angoisse nécessairement. Que la rédemption passe désormais par le corps et non plus seulement par l'âme ne change rien à l'affaire : il faut se racheter d'être ce que l'on est ; à quelque âge que ce soit l'organisme est toujours une mécanique défaillante à réparer. Dans tous les cas mon bonheur m'inquiète, empoisonne mon existence par toutes sortes de commandements irréalisables. Tels ces hauts fonctionnaires de la maison royale de Thaïlande qui doivent demander au roi, lorsqu'ils sont à l'agonie, une autorisation de mourir accompagnée de fleurs et d'un bâtonnet d'encens, nous nous en remettons aux bonimenteurs de la béatitude pour nous dire si nous sommes sur la bonne voie. Notre hédonisme, loin d'être un épicurisme de bon aloi ou un dionysisme

---

1. Un exemple parmi tant d'autres : le magazine *Men's Health* (mai-juin 1999) destiné à un public masculin offre les rubriques suivantes : cinq trucs pour maigrir malin, comment tenir plus de trois minutes pendant l'acte sexuel, comment garder sa libido en bon état, comment sortir vivant d'un crash d'avion, survivre à une crise cardiaque, à une dispute conjugale, comment diagnostiquer soi-même l'état de sa prostate, faire l'amour tous les jours jusqu'au dernier jour, etc. Sous l'humour des titres, il faut entendre une petite rengaine qui tourne au cauchemar. On croit feuilleter un magazine de charme, on ouvre un catalogue de délits potentiels qui laisse planer le doute sur tous les instruments du plaisir. Le divertissement est ici inséparable du redressement.

orgiaque, est habité par la disgrâce et la faillite. Si bons élèves que nous soyons, notre corps continue à nous trahir, l'âge de nous marquer, la maladie de nous frapper à tort et à travers et les plaisirs de nous traverser ou de nous fuir selon un rythme qui ne doit rien à notre vigilance ou à notre résolution. Nous ne sommes ni maîtres ni possesseurs de nos félicités lesquelles ne cessent d'éluder les rendez-vous que nous leur fixons et surgissent quand nous ne les attendons pas. Et la détermination d'expurger ou de désinfecter tout ce qui est faible, friable dans le corps ou l'esprit, la tristesse, le chagrin, les passages à vide, bute sur notre finitude, sur cette inertie de l'espèce humaine qui ne se laisse pas manipuler comme un matériau. Autrement dit, il est en notre pouvoir d'éviter et de corriger certains maux. Mais de même que la paix n'est pas le simple arrêt de la guerre, bien plutôt un état positif (Spinoza), le bonheur n'est pas l'absence d'adversité, il est une autre qualité d'émotion qui ne dépend ni de notre bon vouloir ni de notre subtilité. Nous pouvons ne pas être affligés sans baigner pour autant dans l'euphorie. Nous pouvons au sein d'une grande dévastation connaître des moments d'extase inouïe

Le bonheur vécu comme une malédiction : c'est le versant ténébreux du rêve américain dont témoignent tant d'œuvres. Travailler à recréer le paradis sur terre à l'écart des désordres de la planète, le découvrir à son tour impur, contaminé et que « la terre promise est déjà une terre éternellement compromise » (Jankélévitch). Mais ce rêve ne défaille que pour mieux renaître de ses cendres : ceux qui l'attaquent en réactivent malgré eux la promesse. Car nos sociétés versent dans la catégorie du pathologique ce que les autres cultures considèrent comme normal, la prépondérance de la douleur, et versent dans la catégorie du normal voire du nécessaire ce que les autres vivent comme exceptionnel, le sentiment du bonheur. Il ne s'agit pas de savoir si nous sommes plus ou moins heureux que nos ancêtres : notre conception de la chose a varié et changer d'utopies, c'est changer de contraintes. Mais nous constituons probablement les premières sociétés dans l'histoire à rendre *les gens malheureux de ne pas être heureux.*

Bel exemple de «la déconcertante facilité avec laquelle la poursuite d'un idéal peut déboucher sur son contraire» (Isaiah Berlin). Nous autres, les damnés de la Joie, les galériens du Plaisir, sommes parvenus à recréer de petits enfers avec les armes du paradis. En vouant chacun de nous à être enchanté sous peine de mort sociale, on transforme l'hédonisme en pensum, en chantage, on nous place sous le joug d'une félicité despotique. Dans cette configuration, le malheur prend la dimension fantastique de ce qui est nié et subsiste pourtant : celle du revenant, du spectre qui terrorise d'autant plus qu'on ne sait le nommer. Laissons aux intoxiqués de l'Eden leurs dogmes et leurs diktats. Nous ne visons ici qu'à déculpabiliser, alléger la charge : que liberté soit laissée à chacun de ne pas être heureux sans en avoir honte ou de l'être de façon épisodique comme il l'entend. Ne pas trancher, ne pas légiférer, ne pas imposer. Si l'on ne veut pas qu'une aspiration légitime dégénère en châtiment collectif, il faut traiter l'impitoyable idole du bonheur avec la plus extrême désinvolture.

DEUXIÈME PARTIE

Le royaume du tiède*
ou
l'invention de la banalité

---

* Cette expression est de Victor Segalen.

Chapitre IV

L'ÉPOPÉE DOUCE-AMÈRE DE LA GRISAILLE

> « La litière où le bétail heureux des hommes est couché. »
>
> Mallarmé.

Il existe paraît-il à Londres un club très fermé qui exige de ses membres, sous peine de renvoi, de ne proférer que des clichés. Quiconque tente d'élever le débat ou émet une pensée tant soit peu intéressante est aussitôt exclu. Périlleux exercice qui ne demande pas moins d'agilité d'esprit qu'une plaidoirie ou une joute oratoire.

Ce n'est pas de cette obligation de platitude dont nous parlons ici, de cette chute des êtres, des choses et des discours dans un monde commun qui les rend tous équivalents[1]. Mais d'une autre banalité antécédente à toute division entre le banal et l'original et qui

---

1. Lucien Jerphagnon a consacré à ce phénomène un très beau livre, *De la banalité*, Vrin, 1965.

naît à la pliure du monde médiéval : nouveau régime temporel qui se caractérise par la mise en prose du monde, par la victoire du profane sur le sacré. La religion, telle qu'elle s'exerçait jusqu'à la Révolution française, remplissait une double fonction : elle orientait l'existence terrestre et en magnifiait les aspects les moins reluisants. Le temps humain nous acheminait vers l'éternité à travers un certain nombre d'épreuves : tel ce pèlerin de John Bunyan qui va de la Cité de la Destruction à la Cité Céleste en passant par toute une série d'impasses comme la Foire aux Vanités ou l'Etang du Désespoir (*The Pilgrim's Progress*, 1678). La perspective de l'au-delà permettait de racheter les côtés les plus humbles, les plus misérables de la condition humaine. La moindre petitesse était sauvée, l'univers tout entier dans ses laideurs et son vide promis à la délivrance.

LA DÉLIVRANCE ET LE FARDEAU

Dès lors que l'homme se substitue à Dieu comme fondement de la loi et que la religion se retire du domaine public pour devenir une affaire privée, le temps gagne une certaine autonomie ; il n'est plus seulement une route vers l'éternel et il dépend de nous et de nous seuls qu'il aille quelque part. Il devient ce milieu où l'individu peut s'épanouir et se construire lui-même mais aussi ce brouillard où il peut s'enliser, il est à la fois créateur et radoteur. C'est cela la découverte moderne : que la vie n'est pas aussi répétitive qu'on le dit, que du neuf peut être inventé mais aussi qu'elle se répète atrocement. Au «violent pathos de la vie médiévale» (Huizinga) succède l'indétermination d'une durée également fertile et fastidieuse.

Bonne et mauvaise nouvelle du retrait divin : chance pour l'indépendance humaine de se déployer sans tutelle mais aussi poids du quotidien qu'il faut porter à bout de bras. Dieu seul, par la création continue, permettait aux choses de persévérer dans leur être et leur évitait de «retomber dans leur premier néant» (saint Augustin). Une fois éloigné ou réduit au rôle de Grand Horloger (et la multiplication des preuves de son existence jusqu'à Kant prouve à quel point celle-ci était devenue problématique), il ôte à cet univers toute justification. Privées de leur conservateur divin, les choses révèlent leur gratuité, leur ténuité, le fait qu'«elles soient ce qu'elles sont» (Hegel). Au sublime moyenâgeux succède le trivial moderne, au grand absolu le petit relatif. Terrible vertige d'un homme soudain délesté de ses entraves et qui subit moins un désenchantement qu'une désorientation ; il se retrouve libre mais pygmée. Emancipé du pouvoir féodal qui l'assignait à sa naissance et de la loi religieuse qui le rivait au souci du salut, il ne connaît plus ni prédestination ni destination.

Mais avec cet affranchissement naît aussi la banalité, c'est-à-dire l'immanence totale de l'humanité à ellemême. Plus d'échappées sinon dans le futur, le ciel est bas, lourd. Nous voici condamnés à n'être que de ce monde, assignés à résidence ici-bas. Rien que la terre, pourrait-on dire en parodiant une formule de Paul Morand, et sa grande banlieue, le cosmos. Cessant d'être fécondée par l'attente d'une vie meilleure, notre planète se recroqueville sur elle-même. Avec la religion, il s'agissait d'expier ses fautes pour gagner son salut. Désormais il s'agit d'expier le fait d'être tout simplement. A la question : comment vivre selon Dieu, qui fut durant plus d'un millénaire celle de l'humanité occidentale, s'en substitue peu à peu une autre qui retrouve les préoccupations des Anciens : comment vivre tout court ?

Fin du face-à-face pathétique avec le Très-Haut, de cette dramaturgie biblique qui tenait du duo amoureux, de la scène de ménage et de la comparution. Laissé seul avec lui-même, l'homme doit tout réapprendre : le simple fait de naître, de mûrir, de vieillir devient problématique. Plus rien ne nous sauve du prosaïsme qui constituait jadis cette modeste part de l'existence que les prières, la foi, les rites pouvaient amender. S'il faut se libérer maintenant, c'est bien de cette quotidienneté qui nous empoisse ; et l'on oppose moins le péché à la grâce que l'ordinaire à l'exceptionnel. Un nouveau champ de bataille s'ouvre contre le temps, maître incontesté autant qu'insaisissable comme si l'espèce humaine ne s'était affranchie du désir d'éternité que pour tomber sous la coupe de la durée profane.

L'émergence des Lumières est inséparable non d'une face de ténèbres comme on l'a dit trop souvent, mais d'une zone de gris que les grandes idéologies avec leur transcendance horizontale ne parviendront jamais à effacer. D'où les deux voies que le plaisir va emprunter : ou la griserie, la quête éperdue de l'intensité, ou la grisaille, la jouissance paradoxale de l'insipide sous les mille formes qu'il peut prendre. De là qu'on associe modernité et démocratie aux notions de médiocrité, de mesquinerie, de trivialité, les nouvelles divinités du petit-bourgeois universel. C'est cela l'aventure occidentale : reléguer la croyance au for intérieur, revendiquer la planète comme seule propriété de l'homme, la désacraliser pour en permettre l'exploitation rationnelle et scientifique. Mais sur ce gigantesque chantier, sur cette extraordinaire frénésie d'inventions et de découvertes, la poussière de la banalité qui s'insinue partout grippe les rouages, empoisonne les âmes et les destins. Une hétéronomie grotesque s'impose qui n'est plus celle de Dieu mais *des lambeaux morts du temps*, de l'usure dans la répétition des jours qui passent. La banalité est le destin des hommes sans destin, une chance autant qu'une servitude qui nous échoit à tous en partage. C'est elle qui rapatrie ici-bas l'enfer, le paradis et le purgatoire, laisse à chacun la possibilité de les connaître successivement ou simultanément au cours d'une existence.

Enfin à la dramatisation chrétienne de la salvation et de la perdition fait pendant la dramatisation laïque de la réussite et de l'insuccès. Nul n'y échappe. Tout se joue dans le mince laps de temps d'une vie, sans rémission, sans la consolation d'un arrière-monde qui nous soulagerait de nos malheurs présents et passés. Une existence, une seule, d'autant plus poignante qu'elle est unique, que le temporaire y a le caractère

LA TRANSFIGURATION DE LA ROUTINE

Qu'est ce qu'une habitude ? Une certaine technique d'économie de l'énergie. Elle naît du principe de conservation : ne pas avoir à tout refaire chaque matin, créer des réflexes pour absorber l'incident, le particulier. Une vie sans règle serait un cauchemar car celle-ci devenant une seconde nature nous épargne des efforts répétés. C'est elle qui nous permet de maîtriser un art ou un métier qui d'abord nous rebutait. Nous tenons à nos habitudes car elles impriment leur rythme à nos existences, en constituent la colonne vertébrale. Elles ne sont pas simple ronronnement, elles attestent aussi de notre fidélité à nous-mêmes. Les renier ce serait se renier. Le grand art ne consiste pas seulement à briser la routine mais à jongler avec plusieurs pour ne dépendre d'aucune. Et il ne faut pas trop de toutes nos vieilles habitudes pour en inventer une nouvelle. Cela s'appelle une renaissance.

Il y a de même une volupté de la répétition dont la ruse ultime consiste à s'effacer, à passer inaperçue au moment où elle règne sans partage. En elle, le temps disparaît à force de revenir à l'identique. Obsédé d'originalité, l'Occident cultive une vision trop négative du répétitif. Il est des cultures où le retour d'un même thème, comme dans la musique arabe ou indienne, l'immobilité d'une note indéfiniment tenue finit par creuser d'imperceptibles différences. Ces mélodies d'apparence follement monotones sont travaillées d'infimes variations. Elles font concurrence au silence et nous hypnotisent par cette façon singulière de progresser en restant sur place.

En définitive ce n'est pas la régularité qui tue la vie mais notre incapacité à la magnifier dans un art de vivre qui spiritualise ce qui est de l'ordre du biologique et hausse le plus petit moment au niveau d'une cérémonie. C'est peut-être là ce qui distingue les deux parties du monde occidental, même si elles tendent à se rapprocher. Les Américains, en dignes utilitaristes, croient au bonheur, ils l'ont inscrit dans leur Constitution et sont prêts à l'enseigner, à le prescrire à tous. Alors que les Européens plus sceptiques en tiennent pour les plaisirs et surtout le savoir-vivre, lequel, façonné par une longue tradition, forme une espèce de civilité collective qui intègre joies et tristesses.

Voyez l'opposition entre le fast-food, principe d'alimentation rapide, solitaire et bon marché, et la gastronomie, principe de dégustation conviviale et dévoreur de temps. Deux manières d'appréhender la durée : ou la tuer en abrégeant ce qui se répète ou s'en faire une alliée en l'élevant au niveau d'une liturgie. L'une relève d'une société de services axée sur la commodité et l'immédiateté, l'autre d'une société des usages qui voit dans son patrimoine et ses mœurs des trésors d'intelligence et de finesse qu'il serait criminel d'oublier. Le charme du Vieux Monde, c'est la diversité de ses cultures qui résistent au nivellement planétaire. Le magnétisme du Nouveau, c'est le réflexe de l'innovation systématique. Ici, naître c'est être précédé, détenir le savoir d'un temps long ; là c'est annuler ses prédécesseurs et bondir vers la terre promise du futur.

La vérité c'est que les deux solutions nous tentent et que nous voudrions bénéficier des agréments du passé sans ses contraintes, des avantages du présent moins son appauvrissement. Enfants d'un héritage composite, nous oscillons entre la nostalgie du rituel et les fantasmes de la grande simplification.

du définitif. Mais qui détient les critères de l'échec ou de la victoire, énonce les normes officielles ? Quelle instance départagera les élus des damnés ? Comme le dit Dante, « la voie droite s'est perdue ». Et qui nous assurera qu'une vie ratée selon les règles en cours n'a pas été tout de même une vie heureuse ? En filigrane se profile alors le mal d'être, affection des classes aisées dès le XVIII° siècle et qui, par une lente démocratisation du malaise, se propage au plus grand nombre (c'est peut-être ça la destinée de la démocratie : l'extension à tous des souffrances des élites moins leurs privilèges). Comme si rendue à elle-même et à ses pouvoirs l'existence tout entière devenait une tâche surhumaine. « Il est très très dangereux de vivre, ne fût-ce qu'un jour » (Virginia Woolf, *Mrs Dalloway*).

L'INERTIE FRÉNÉTIQUE [1]

En 1998 une jeune femme de Washington crée sur Internet un site permettant de la regarder évoluer 24 heures sur 24 dans son foyer, de l'accompagner dans ses tâches les plus modestes. Mettons de côté l'exhibitionnisme d'un tel projet, depuis répété par beaucoup d'autres, et constatons ceci : seul un contemporain pouvait concevoir de se filmer jour après jour surtout quand cette personne mène une vie rigoureusement semblable à celle de tous. Il y a une austérité, un parti pris dans cet exercice de restitution mécanique. La vidéo reprend ici le rôle jadis tenu par le journal intime ; mais là où l'écriture discrimine malgré elle, la caméra enregistre tout, une poubelle qui se

---

1. Je reprends ici sous un autre angle un thème déjà envisagé dans Pascal Bruckner et Alain Finkielkraut, *Au coin de la rue l'aventure*, Seuil, 1979.

remplit, une baignoire qui se vide, une salade qui pousse, une paire de chaussons, sans oublier les épisodes palpitants du coucher, du lever, du sommeil. L'étonnant en l'occurrence, c'est d'accorder la moindre importance à cette effroyable routine, c'est cet engouement pour l'inanité. Peut-être faut-il y voir la volonté de racheter le mot à mot des heures et des semaines en le plaçant sous l'œil collectif de milliers d'internautes mais aussi de se rassurer en vérifiant que nous sommes tous logés à la même enseigne : l'enseigne de la vie quotidienne. Comme si nous formions la communauté virtuelle de ceux à qui rien n'arrive, la tribu digitale des événementiellement démunis.

Du quotidien, on peut affirmer deux choses contradictoires : qu'il se répète autant qu'il nous exténue. Il nous submerge par le retour des mêmes choses, fait du lendemain la réplique d'aujourd'hui qui lui-même reproduisait hier avec une constance de disque rayé. Ses lois sont aussi rigoureuses que celles du cosmos ou de la gravité. Conformité, normalité, uniformité : prégnance du déjà vu, déjà vécu, triomphe de l'incolore et de l'inodore, ronde sans fin dans l'identique. Il ramène un éternel présent sans avenir ni passé comme si tous les jours s'étaient fondus en un seul. Son paradoxe c'est d'abolir le temps à partir du temps lui-même, d'être une grimace de l'éternité un peu comme la montre, selon Gilles Lapouge, fabrique de l'éternité à partir du mouvement perpétuel[1]. Il dispose d'une

_____

1. Gilles Lapouge, *Utopies et civilisations*, Albin Michel, 1re éd., 1973, pp. 110, 111.

puissance d'érosion qui émousse les événements les plus terribles; en lui tout s'engloutit. En quoi d'ailleurs la plupart des métaphores de l'ennui sont des métaphores de l'enlisement, du grippage ou de la coagulation : navire pris dans le piège des glaces et figé pour toujours selon Baudelaire et Poe, marais dormant chez Flaubert, glacier stérile qui paralyse l'oiseau d'après Mallarmé, morne plaine sous la neige en hiver pour Verlaine, dépôt calcaire qui finit par obstruer les canalisations selon Moravia, viscosité d'une nature qui vous englue en elle, selon Sartre. Longtemps la province comme catégorie géographique autant que métaphysique – surtout dans des pays fortement centralisés telles la Russie et la France – a représenté cette vie en rase-mottes, cette interminable hibernation dont la littérature s'est ingéniée depuis deux siècles à décrire la vacuité. Vie chétive, grisâtre, éternellement hors du coup où des générations entières s'emmurent comme dans un mausolée. Etat végétatif, deuil anticipé où l'on renonce à tout ce qui sur terre est doux, agréable, émouvant, avant même d'avoir rien connu, rien aimé. Le terme de province, on le sait, est lui-même tombé en désuétude avec la fin du modèle jacobin et l'émergence des régions.

Le quotidien, espace d'un sempiternel rabâchage, met tout au neutre, abolit les contrastes, aplatit les contenus, constitue cette puissance d'indétermination qui noie amours, sentiments, colères, espoirs dans une espèce de gélatine indifférenciée. C'est pourquoi il dément tout espoir de commander le bonheur comme on commande un repas : car il le dissout, le digère, en efface la saveur aussitôt qu'il surgit. C'est une machine qui s'entretient toute seule et fonctionne sans aliment extérieur. Se lever, s'habiller, se nourrir, partir au travail, il faut pour accomplir ces simples gestes un courage surhumain. « Je connais un Anglais, disait Goethe, qui s'est pendu pour ne pas avoir à renouer sa cravate chaque matin. » C'est à l'atonie des jours, à leur masse compacte qu'il faut arracher une œuvre, un projet et le véritable amour est celui qui prend le risque du quotidien, ose le défier et n'en sort pas trop vite vaincu, abîmé. Le quotidien est dépourvu de l'attrait pathétique par excellence : le suspense. Rien n'y fait l'objet d'une attente, d'un frémissement puisque tout y est ressassé à l'infini. Terrible alternance de la question : quoi de neuf ? et de la réponse : rien à signaler ! Si le remords selon Baudelaire c'est l'impuissance à défaire, la banalité à l'inverse c'est l'impuissance à faire, à inaugurer du neuf, à ouvrir une brèche dans la pâte des instants tous semblables. Ce monde casanier ne manque d'ailleurs pas de séduction pour qui désire se laisser vivre, être porté comme une barque sur un fleuve, déléguer aux dates du calendrier, au passage des saisons le soin de nous diriger. Jouissance sédative de cette routine : avec elle tout va de soi, elle habille de nécessité ce qui d'abord était gratuit. On y fonctionne en régime quasi automatique. L'angoisse que provoquent chez certains les dimanches ou les vacances – ce grand vide à remplir – naît de cette rupture momentanée d'une règle qui lasse peut-être mais rassure. Pour la plupart pourtant la malédiction du quotidien, c'est de nous accompagner 24 heures sur

24 alors que nous aimerions le découper à volonté, en picorer quelques miettes, faire l'impasse sur le reste. «O vie, je t'aime mais pas tous les jours» (Cerroli), admirable proposition qui dit tout.

Le quotidien compose aussi un néant agité : il nous épuise par ses contrariétés, nous dégoûte par sa monotonie. Il ne m'arrive rien mais ce rien est encore trop : je m'éparpille en mille tâches inutiles, formalités stériles, vains bavardages qui ne font pas une vie mais suffisent à m'exténuer. C'est cela qu'on baptise le stress, cette corrosion continue à l'intérieur de la léthargie qui nous grignote jour après jour. Comme si l'insignifiance elle-même réclamait son tribut. Sous le calme trompeur de nos vies décolorées se joue une guerre sournoise où l'anxiété, les soucis nous plongent dans un état de *tension sans intention*. Risible malheur qui ronge n'importe lequel d'entre nous et ne constitue pas une tragédie. «La vie s'en va par le cerveau et les nerfs (...) La nervosité moderne est le cri de l'organisme qui lutte avec le milieu» (Rosolino Coella). Les mille désagréments supportés ne forment même pas un événement mais suffisent à nous plonger dans cet état moderne par excellence, la fatigue. *Une fatigue abstraite* qui n'est pas la conséquence d'efforts particuliers car elle jaillit du simple fait de vivre, fatigue qu'on aurait tort de chasser avec du repos puisqu'elle est elle-même fille de la routine. Le quotidien ou la réquisition permanente : l'intimation à toujours répondre présent, au bureau, en voiture, en famille et même dans nos rêves. Et quel meilleur exemple de cette urgence que le portable : dès la première sonnerie il convie chacun à se ruer sur son sac, ses poches pour attraper le petit animal clignotant et bourdonnant. C'est d'ailleurs tout le développement technologique qui met en demeure ceux qui n'y adhèrent pas d'être écartés du groupe. Il faut souscrire ou périr, surtout chez les adolescents.

Autant de rappels, d'enrôlements qui nous détournent de nous-mêmes, nous mobilisent en permanence. Bardé de son bip, de son portable, de son baladeur, de ses oreillettes et bientôt de micropuces dans le cerveau, d'écrans dans les yeux, le nouvel homme prothétique, dégainant à chaque instant, relié à l'ensemble du monde, a tout d'un soldat qui mène une guerre sans fin. Epuisement et surmenage, nos vices modernes, disait Nietzsche. En lutte continue avec des fantômes, nous sommes victimes de dommages incalculables, *grands blessés de la grisaille.* Et le contraste est saisissant entre la morosité de notre vie et l'allure trépidante des images et des médias : le train rapide du monde accentue le train-train de mon existence. Tout bruit d'exploits et de drames et ma vie est si plate. C'est un étrange paradoxe qui veut que la banalité vienne à nous sous les traits du désordre et que l'asthénie s'impose sous le masque de la vitesse et du tourbillon.

Le stress est le contraire de l'aventure, la concentration nécessaire pour maintenir le quotidien à son étiage. Nous nous débattons alors dans une « inertie frénétique » (Steiner), dans un affairement qui n'est pas source d'imprévu. Nous subissons tous les inconvénients de la dispersion sans les beautés de l'aléa, sans les bénéfices d'une vraie surprise. Nous stagnons dans un état médian qui n'est ni joie ni souffrance : au lieu de sentir le temps nous façonner, nous regardons couler «les jours comme le sang d'une blessure» (Louis Guilloux). Et nous nous souhaitons parfois un bon désastre, un vrai, tout plutôt que cet entracte sans fin, que cette vie harassante qui ne parvient pas à se hausser à la dignité d'un drame. (Et l'on sait que le stress, indispensable force d'action, peut, en excès, abaisser la résistance aux maladies.) «*It's better to burn than to fade away*», disait Neil Young cité par Kurt Cobain. Mieux vaut brûler que se consumer à petit feu. Pourtant même le petit feu impose des coûts exorbitants. Vient le moment où il faut payer sa dette, n'eût-on pérégriné que dans le terne et le soporifique, où une imperceptible corruption gangrène les destins les plus rabougris. Ce pourquoi l'existence est d'une brièveté interminable, longue à n'en plus finir, toujours trop courte au regard des possibles. Nous disposons d'un surplus de temps qui vient à nous manquer dès qu'il est passé. Le bégaiement décousu de nos vies interdit d'en faire des œuvres d'art ; celles-ci dans leur densité, leur unité échappent à ce qui nous définit comme êtres humains : l'inachèvement, l'indétermination. Le mot à mot des jours qui passent est tout sauf esthétique et nul ne peut se forger soi-même à la façon d'un tableau, d'une sculpture, d'une symphonie. Nous ne sommes pas des chefs-d'œuvre reflets d'un monde parfait, plutôt des artisans qui doivent se faire dans un monde sinueux et imprévisible[1]. Bref, de la vie à l'art, il y a tout le travail de la forme : c'est elle qui condense, épure, ordonne, apaise nos blessures en les stylisant, rend le tragique aimable et viable l'intolérable de l'échec. (Il n'est peut-être de vrai bonheur que d'écriture, la vie cherchant après coup à réaliser avec elle-même la parfaite jonction des mots, la juste frappe d'une expression.)

Le quotidien nous laisse donc croire à la coïncidence du ressassement et du danger. Moins il arrive de choses, plus l'on s'arrange pour qu'il n'en arrive aucune. La simple anxiété d'être engendre un besoin irrépressible de calme et de détente. D'où la multitude de thérapies sous l'égide du zen, du bouddhisme, du yoga, d'où l'abus en Amérique et en Europe de stimulants et de tranquillisants, de la vitamine et du psychotrope. Même si je mène l'existence la plus croupissante, la plus engourdie, j'ai encore le sentiment d'être pris dans une bourrasque inouïe que je dois freiner toutes affaires cessantes. Guérir l'affairement né du vide par plus de vide encore, tel est le cercle vicieux qui nous guette. Alors que nous avons moins besoin de quiétude dans nos vies incolores que d'activités authentiques, d'événements qui fassent poids et sens, d'instants foudres qui nous terrassent, nous transportent. Le temps ce grand pillard nous dérobe continûment ; mais c'est une chose que d'être dévalisé avec

---

1. Selon la distinction faite par Pierre Aubenque entre le sage stoïcien et le sage aristotélicien : *La Prudence chez Aristote*, PUF, 1997, pp. 90, 91.

magnificence et de vieillir dans la conscience d'une existence pleine et riche, une autre que d'être grignoté chichement heure après heure pour des choses que nous n'avons même pas connues. L'enfer de nos contemporains s'appelle la platitude. Le paradis qu'ils recherchent la plénitude. Il y a ceux qui ont vécu et ceux qui ont duré.

Chapitre V

LES EXTRÉMISTES DE LA ROUTINE

> « Ma vie commença par l'extinction.
> C'est bizarre mais c'est ainsi. Dès les pre-
> mières minutes où j'eus conscience de moi,
> je sentis que je m'éteignais. »
>
> Ivan Gontcharov, *Oblomov.*

LES MARTYRS DU FADE

C'est la vie monastique avec son découpage horaire
minutieux, ses longues plages réservées à la prière, à
la méditation, qui préfigure le mieux l'expérience du
temps profane que nous connaissons de nos jours. Le
moine a ceci de particulier, s'il appartient à un ordre
contemplatif, qu'il ne fait rien, au sens de l'action et
de la fabrication : il est soumis tout comme nous à cette
grande puissance désorganisatrice qui se nomme le
quotidien, lequel peut altérer sa foi, le détourner de
Dieu. Les exercices spirituels auxquels chaque communauté était assujettie avaient pour but de soustraire

les religieux à la dissipation afin de les engager dans la seule voie de l'adoration divine. C'est probablement à l'ombre feutrée des couvents et des monastères que l'Occident s'est inculqué un minutieux dressage horaire (repris ensuite par le capitalisme). Celui qui a fui le monde pour se consacrer au Très-Haut vit selon un cadre réglé par l'horloge et dont les cloches sont le symbole. Le moine n'est pas un fainéant ou un parasite comme l'en accuseront plus tard Luther et Calvin (qui remplaceront la prière par le travail, faisant de ce dernier un acte quasi religieux), c'est en quelque sorte un être surmené. Comme chacun de nous, il est voué à une tâche essentielle et futile : tuer le temps, en l'occurrence le temps ordinaire, pour gagner l'éternité. Lorsqu'il est habité par la foi, chaque heure est précieuse qu'il peut donner tout entier à la gloire de Dieu. Mais qu'il doute ou fléchisse, le voilà envahi par l'*acédie* (du grec *akedia* qui veut dire indifférence et chagrin), ce terrible mal des ascètes qui les détournait du Seigneur et les frappait de tristesse. Fatigue de celui qui a dédié sa vie à la prière et que la prière lasse, qui souffre d'un désintérêt subit à l'égard de son salut, mal terrible contre lequel l'Eglise s'est avouée impuissante :

Quand cette passion s'est une fois rendue maîtresse de l'âme d'un moine, elle engendre en lui l'horreur pour le lieu où il demeure, le dégoût pour sa cellule, du mépris pour ses frères qui vivent avec lui ou sont éloignés et qu'il considère comme négligents ou peu spirituels. Elle le rend mou et sans courage pour tous les travaux qu'il a à faire à l'intérieur de sa cellule, l'empêchant d'y demeurer et de s'appliquer à la lecture. (…) Finalement il pense ne pouvoir assurer son salut s'il reste en ce lieu, s'il ne s'en va au plus tôt, abandonnant la cellule avec laquelle il lui faudra périr s'il y demeure encore [1].

Bref, dans ces thébaïdes où ne devraient régner que ferveur et recueillement, l'ennui réintroduit de l'humeur, un brouillard se faufile et corrompt la maison radieuse, attaque les cœurs, affaisse les énergies, soumet l'immuable aux assauts de l'éphémère. Faute d'avoir le « courage d'endurer la durée » (V. Jankélévitch), le moine connaît une sorte de pourrissement interne. D'où la nécessité de l'occuper jour et nuit, de quadriller son espace mental, de boucher les trous morts de son temps, de le harceler de tâches diverses, aussi astreignantes qu'inutiles de peur que le Malin ne s'introduise en lui pour hâter son relâchement. Dans les *Confessions*, saint Augustin recommande la pratique des hymnes et des cantiques pour éviter que le peuple « abattu » ne « séchât d'ennui ». Plus tard saint Thomas bénira l'obscurité des Saintes Écritures qui contraignent l'esprit à un effort d'attention et recommandera des prières ni trop longues ni trop courtes accompagnées d'une riche gestuelle afin d'épargner aux croyants l'épreuve du bâillement. Même Dieu se

---

1. Saint Jean Cassien, *Les Institutions cénobitiques*, 420 ap. J.-C., in Madeleine Bouchez, *L'Ennui*, Bordas, 1973, p. 34. Voir aussi le beau commentaire de Jean-Louis Chrétien in *De la fatigue*, Minuit, 1996, pp. 92 sqq., ainsi que Jean Starobinski, « L'humeur et son changement », *Nouvelle Revue de psychanalyse*, automne 1985, pp. 71 sqq.

doit d'être divertissant. L'ascète, le cénobite, l'ermite sont historiquement les premiers martyrs de la banalité. Parce que leur vie est réduite à une longue invocation à l'Absent elle est plus exposée au désœuvrement, aux miasmes de la durée commune. Gardons-nous de tout confondre et de rabattre l'acédie monastique sur la dépression contemporaine. Il n'empêche que le reclus préfigure dans ses tourments l'ennui, ce péché laïque par excellence, déjà présent dans l'Antiquité et qui devient après la Renaissance la maladie de l'âme moderne (en revanche, à quelques exceptions près, saint Jean Chrysostome, saint Grégoire, Christine de Pisan, il fut rare au Moyen Age).

L'EMPEREUR DE LA VACUITÉ

Un homme incarne mieux qu'un autre cette fièvre de l'inanité, un auteur suisse peu connu, Henri-Frédéric Amiel (1821-1881), rédacteur d'un monstrueux journal de plus de seize mille pages, monument de vide absolu, recopiage effréné du néant puisque chaque jour s'y caractérise par le fait qu'il ne s'y passe rien. Ce grand érudit, professeur à Genève, aura passé son temps à rêver des livres qu'il aurait pu écrire, des femmes qu'il n'a pas épousées. Velléitaire forcené, happé par «le protéisme universel», il s'appliqua à demeurer dans les coulisses de l'existence, seul son Journal, minutieusement tenu, lui donnant l'illusion d'un destin, d'une identité [1]. Il y a eu d'autres diaristes plus talentueux, plus célèbres mais lui seul marqua une constance dans le fastidieux, le rabâché qui est unique.

Au-delà de l'aboulie vertigineuse, Amiel nous intéresse en ce qu'il porte la promotion de l'insignifiance à un niveau inégalé jusque-là. Est insignifiant dans ce contexte non ce qui n'a pas de sens mais ce à quoi un sens n'a pas encore été donné. Parti pris de faire du romanesque avec trois fois rien et qui n'est pas sans intérêt. Car son journal est un sanctuaire de papier dédié à une nouvelle divinité : l'infinitésimal qu'il s'emploie à mettre en scène, à éclairer. Humeurs, anecdotes, migraines, digestions pénibles, difficultés respiratoires, tout ce peu de chose finit par composer une histoire. Explorateur forcené du dedans, voué au décousu de ses impressions, «aux défauts de l'analyse microscopique», il invente littéralement un domaine nouveau : la promotion de la vétille comme épopée du psychisme moderne, de l'accidentel comme moyen d'accès à l'essentiel. De chaque journée, il extrait ses moissons de babioles, il réveille tout un royaume inférieur qui sous sa plume émerge lentement à l'existence. Et de ce dénuement, il tire une fierté paradoxale.

Moins Amiel embrasse le monde, plus il doit écrire. L'effroyable tâche de ne pas exister et de consigner

---

1. Sur Amiel, voir Georges Poulet, *Etudes sur le temps humain*, Presses-Pocket, tome 4, pp. 266 sqq., et Roland Jaccard, *Amiel, Du Journal intime*, Complexe, 1987.

cette absence, d'être «un eunuque de vocation, un être sans sexe, vague et timoré» va de pair avec le constat que le quotidien est sans fond, sans limites. L'idée que chaque minute est habitée d'une variété inépuisable de frémissements lui donne le vertige. Son appétence folle pour la stérilité en reçoit un renfort inattendu. S'il fustige son œuvre, «cette forêt de pages vaines», cette «réclusion griffonnante», il s'attriste plus encore de rater son objet : ce qu'il regroupe chaque soir sur le papier est encore peu de chose par rapport à ce qu'il a ressenti, observé. Etrange destin d'une pénurie qui se traduit par une pléthore. «Ces journaux intimes sont une illusion. Ils ne renferment pas la dixième partie de ce que je pense dans une demi-heure sur un sujet.» «Ce journal est à la journée ce qu'est la pulpe d'un fruit à son parfum. Il recueille les faits, la fibre grossière et éphémère de la vie mais la partie éthérée, la pensée ou les sentiments qui ont traversé l'âme s'y évaporent sans y laisser de traces.» Transmutation de l'échec à vivre en événement, du désert en jardin paradisiaque. Sa logorrhée est impuissante non par manque mais par excès de matière. Car cet interminable soliloque voué à la déesse de l'infertilité pèche encore par défaut : son tort n'est pas d'en dire trop mais de ne pas en dire assez. Cette encyclopédie colossale du néant est encore une plaquette à côté des volumes qu'il devrait remplir.

Dès lors à quoi bon vivre si ce mince filet l'accable déjà de sa profusion? (Et la modernité est pleine de ces héros de l'extinction et de la dormition qui, tel

Oblomov, déploient une exorbitante force d'inertie, érigent léthargie et paresse en valeurs absolues.) Sa vie larvaire, réduite à sa plus simple expression, est encore un torrent irrépressible et sa langue prolifère sans avoir besoin d'être attestée par les faits. Renversement singulier : on ne raconte pas ce qu'on a vécu, on écrit pour se persuader qu'on est vivant, on se raconte pour s'amplifier, fût-ce dans le minime, l'exigu, on s'étourdit de l'inépuisable richesse que recèle un destin en apparence si médiocre. Et le journal intime ou plutôt le *journal de l'infime* invente ainsi son propre lecteur, frère en banalité, qui se réjouit de voir l'auteur engranger semaine après semaine ses dérisoires cueillettes. Je suis abyssal, voilà ce que nous dit Amiel, et je connais chaque année 365 destinées différentes (la journée comme drame humain total, ce fut un grand thème du roman au XXe siècle de Joyce à Virginia Woolf). Fatigué de vivre, notre professeur genevois ? Mais cette fatigue est suractive, notre épuisé développe des trésors d'énergie pour que rien ne lui arrive. Il n'y a pas de bornes à l'inconsistance, voilà ce qu'il découvre effaré alors qu'il plonge dans le microcosme vertigineux de son atonie.

Amiel a peut-être inauguré une forme inédite de bonheur, la non-vie comme ascèse, névrose proprement moderne, au rebours de l'hystérie romantique. Destinée nulle, d'un radotage éperdu, d'un ennui tellement dense qu'elle en prend une dimension fantastique. Si le héros est celui qui vit dans l'urgence et ne traverse que des parenthèses entre deux exploits, Amiel, lui, ne connaît que des temps morts que bordent de longues plages de vide. Comme s'il avait élu résidence dans les limbes, prince d'un royaume ridicule qui a nom abstention, inaccomplissement. Vie extraordinaire à sa façon, bâtie sur une hémorragie permanente et qui évoque une mystique laïque de l'anéantissement. Notre époque est pleine aussi de ces extrémistes de la routine qui s'imposent des cures de fadeur : tels ces pèlerins d'un rite étrange qui tiennent chaque année en France, dans une gare désaffectée, un Congrès de Banalyse ou ce dessinateur hollandais qui a fait vœu de non-information et a lancé en avril 1998 un magazine de 16 pages blanches à parution aléatoire afin de laisser une paix royale au lecteur. Là où la vie sociale court et impose une allure généralisée, ces déserteurs freinent et se coulent avec un tel enthousiasme dans l'apathie quotidienne qu'ils la dévoient, la prennent à son propre piège. Il est deux manières finalement de s'arracher à la banalité : soit en la fuyant, soit en l'épousant si étroitement qu'on la saborde de l'intérieur.

LA PASSION MÉTÉO

Amiel ne fut pas seulement le premier jusqu'au-boutiste de la nullité, le partisan lunaire de la démission : il aura inventé (après Rousseau et Maine de Biran) ce qui va devenir le leitmotiv de son siècle et des suivants : la météorologie dans ses rapports avec nos humeurs.

L'UTOPIE DU FUN

Lointain descendant du flegme britannique, proche cousin du *cool*, le *fun*, ce terme d'origine anglo-saxonne issu de l'univers des loisirs et de l'enfance, n'est pas une morale de l'amusement et encore moins du dérèglement de tous les sens. Il constitue au contraire un système de tri qui permet d'isoler au sein de la vie ordinaire un pur noyau de plaisir ni trop fort ni trop faible qui n'ait aucune conséquence négative et nous propulse dans un univers de sensations agréables. Tout peut devenir *fun*, c'est-à-dire l'objet d'une effervescence légère, le sexe comme la chasteté, un mariage comme un voyage, une religion comme un engagement politique pourvu qu'on ne s'y brûle pas. Le *fun* est donc une discipline du tamisage qui érige de discrets remparts, instaure une ambiance aseptisée où je jouis du monde sans lui accorder en retour le droit de me blesser, de me punir. Dissidence discrète qui récuse l'hystérie de la vie intense comme celle de l'affairement et ne conçoit de divertissement que filtré, une fois interposé entre les choses et nous un coussin de protection qui nous protège de l'âpreté et de la dureté.

A cet égard le *fun* est contemporain du virtuel et témoigne comme lui de la même volonté de dématérialiser le monde, de bousculer les frontières de l'espace et du temps. C'est un peu de cette dimension que retrouvent les sports de glisse : le *surf* qui épouse les vagues pour mieux se jouer d'elles, le *roller* qui transforme l'asphalte en un long ruban lisse parcouru d'ombres à l'élégance prodigieuse qui se faufilent entre les piétons et se rient des obstacles ; le *free-ride* en montagne qui fait du skieur un oiseau capable de danser dans le vide, de survoler les barres rocheuses, de caresser la poudreuse. Merveille de ces prouesses : effacer le corps au moyen du corps, atteindre à l'apesanteur. Univers d'esprits et de farfadets, de passe-murailles pour qui les lois de la gravité n'existent plus et qui fluidifient la matière. Il ne faut pas peser, il faut planer. Rêve de l'homme désengagé et désencombré qui privilégie la sensation sur l'expérience, le frôlement sur l'enracinement. Le réel dans son épaisseur n'est convoqué que pour être mieux éludé. Et de même que l'on peut désormais chanter en duo avec Elvis ou jouer dans un film de Bogart, grâce aux techniques virtuelles, le *fun* nous plonge dans l'enchantement du conte de fées : le désir y triomphe de toutes les épreuves et rencontre sans peine sa satisfaction. L'univers a perdu de son aspérité, s'est réduit à une surface, à des formes, à des images. On peut donc tout essayer à condition que rien n'ait d'importance. Tel est le *fun* : l'utopie d'un allégement total qui permet toutes les voluptés en esquivant tous les malheurs. Avec lui la vie devient un jeu pour lequel nous n'avons aucun prix à payer.

D'autres avant lui avaient étudié l'influence des climats sur les régimes politiques ou décrit l'âme comme une substance atmosphérique dont on peut mesurer les variations[1]. Il va systématiser ce genre de notations. Pas une entrée chez lui qui ne commence par une indication sur le temps qu'il fait comme s'il fallait consulter le ciel pour savoir comment se sentir : « Grand soleil aussi joyeux qu'hier », « Temps gris, la pipe de la canicule paraît déjà cassée », « Ciel gris, froid, triste, sans rayon, sans amour, il correspond à la vie désenchantée de celui qui n'a pas osé tendre la main à une femme et lui dire : A la garde de Dieu, voulez-vous faire avec moi la traversée et vous lier avec moi par un serment ? C'est

---

1. Voir à ce propos le petit livre de Pierre Pachet, *Les Baromètres de l'âme*, Hatier, 1990, pp. 37-38.

un ciel supportable mais il rappelle la couleur du cloître et celle du renoncement», «Un beau soleil inonde ma chambre, la nature est en fête, l'automne sourit. Je réponds à ces avances comme je puis»[1].

La météo, en tant que passion démocratique, naît à la jonction du XVIIIᵉ et du XIXᵉ siècle quand cessant de n'être qu'une science de la prévision, d'abord utile à la vie rurale et maritime, elle devient une science de l'intimité, c'est-à-dire de l'humeur. Or qu'est-ce qu'une humeur sinon un rapport entre le monde et nous qui met face à face des êtres ondoyants et une nature toujours changeante? En nous accoutumant aux prestiges de l'irrégulier, aux petites variations, la météo constitue une pédagogie de la diversité minuscule : s'il ne nous arrive rien, il nous arrive au moins qu'il pleuve, qu'il vente, qu'il fasse soleil. Le charme du temps qu'il fait, c'est son instabilité, c'est donc aussi le charme du temps qui passe, d'un kaléidoscope toujours mobile. En aiguisant nos sens et d'abord celui de la perception, il forme une éthique de l'entre-deux, de la demi-teinte, de la nuance. Et puisque le sentiment de l'existence se suffit du passage des saisons, il ressuscite l'idée grecque du cosmos, d'une solidarité entre les éléments et le cœur de l'homme, communion dont nous sommes tous nostalgiques.

Pascal dans ses *Pensées* récusait toute connexion avec le climat : «Le temps et mes humeurs ont peu de liaisons. J'ai mes brouillards et mon beau temps au-

---

1. Citations extraites du tome XII du *Journal*, L'Age d'Homme, Genève, 1994.

dedans de moi, le bien et le mal de mes affaires y fait peu.» Le croyant, intraitable dans sa foi, n'a pas de ces frilosités modernes qui s'alarment d'une intempérie ou se réjouissent d'un rayon de soleil. La météo est naturellement contemporaine du village global et elle inclut désormais les chiffres de la Bourse, du cours des matières premières, de la hausse ou de la baisse des actions. Incrusté dans un coin de l'écran, montant et descendant au gré des minutes, l'indice boursier est analogue au doigt de l'empereur romain qui graciait ou condamnait les gladiateurs. Puisqu'elle relie les planètes du dehors aux petites planètes du dedans, la météo est devenue depuis les années 50 le symbole hédonique des nations développées. Et les chaînes climatiques à la télévision sont soumises à une double contrainte d'exactitude et d'euphorie. Une perturbation doit être brève de préférence et annoncer une amélioration, le soleil accompagner les vacanciers à condition de ne pas dégénérer en canicule ou en sécheresse. Le temps idéal doit combiner constance et modération. D'où la grimace du journaliste quand dominent le froid et la pluie – il est alors le porteur de mauvaises nouvelles, voire leur complice – et sa mine réjouie quand le grand beau revient. En toutes circonstances il doit combiner le sérieux du scientifique et la sollicitude d'une mère qui vous dit : «Si vous allez à Varsovie ce soir, n'oubliez pas de vous munir d'un manteau! Pour ceux qui continuent sur Moscou, rajoutez un gros pull en laine...»

Puisque le temps qu'il fait constitue la *peau du monde,* notre vêtement primordial, il me garantit en quelque sorte l'existence et m'indique comment je dois être. C'est pourquoi parler du climat, disait Barthes, est la chose la plus sérieuse qui soit. L'on sait que certains systèmes nerveux captent les nuances de l'atmosphère avec une sensibilité quasi électrique, faisant du moindre tremblement de brume, de la plus infime nébulosité toute une dramaturgie éreintante (depuis 1987 le *SAD, seasonal affective disorder*, est répertorié parmi les dépressions à caractère cyclique dans le *DSM II*[1]). Un grand corps cosmique baigne nos corps, nous entraîne dans ses frémissements, ses soupirs, ses tempêtes ; nous souffrons de ses maladies autant que nous profitons de ses embellies. La lumière du soleil nous emplit d'un sentiment d'élation, dilate notre âme jusqu'aux confins de l'univers comme un ciel gris et plombé contracte notre cœur. Le plus lointain est le plus proche, les tourments du ciel sont une tragédie personnelle.

A peine posée pourtant l'adéquation entre l'intérieur et l'extérieur est infirmée. Plus qu'une science la météo a tout d'une cérémonie ~~propitiatoire~~. C'est une variante technicienne de la prophétie à côté de l'horoscope et de la numérologie mais avec une plausibilité plus élevée. A travers ses prédictions, une divinité fantasque nous honore ou nous châtie de nos fautes : la principale étant la démesure des sociétés indus-

---

1. Manuel diagnostique et statistique des troubles mentaux de l'American Psychiatric Association qui fait référence. Cité dans l'excellent livre de Martin de la Soudière, *Au bonheur des saisons*, Grasset, 1999, p. 272.

trielles qui se retrouvent punies par cyclones, raz de marée, typhons (à qui l'on donne alternativement des noms féminin et masculin pour ne froisser personne). Il existe aux Etats-Unis des chasseurs d'orages et d'ouragans, des surfeurs téméraires qui s'installent au centre des tempêtes dans l'attente de la vague ultime qui les fera passer de l'autre côté du miroir (ainsi de ce photographe mythique, installé paraît-il au cœur du cyclone Andrew qui ravagea les Bahamas et la Floride du Sud en août 1992. L'homme aurait survécu mais perdu la raison). Il y a dans toute catastrophe climatique un mixte d'horreur et de jubilation quand le temps qu'il fait (blizzard ou tornade) pulvérise le temps ordinaire, dramatise le quotidien, nous transporte aux confins du sublime, c'est-à-dire d'une grandeur surhumaine. C'est un bouleversement qui nous touche tous même s'il ne nous arrive rien individuellement. Dans sa banalité, la météo dissimule quelque chose d'un sacré païen, elle est notre dernier phénomène surnaturel (au début des années 80, Jean-Paul II est allé prier dans le sud de l'Italie pour mettre fin à la sécheresse). Ce pourquoi elle figure dans les grands registres de la consolation. Consolation incertaine toutefois puisque le temps ne peut être ni contrôlé ni dirigé. D'où les grimaces, les suppliques que nous adressons à tous ceux là-haut, esprits énigmatiques, déités versatiles qui décident de notre sort et dont les caprices innombrables se nomment averses, grêle, froid, ouragans, vents, inondations, autant de manières de torturer les pauvres humains que nous sommes.

En définitive nous ne sommes pas plus maîtres du

climat que de nous-mêmes et nous déchiffrons le ciel avec la même perplexité que les mouvements de notre cœur. Quant à l'analogie posée entre l'atmosphère et l'humeur, elle n'est pas sûre : un soleil éclatant peut nous blesser de sa luxuriance, des nuages gris nous réjouir, la neige et les frimas nous plonger dans une liesse durable. La météo est un oracle aléatoire. En elle se conjuguent deux idées contradictoires du bonheur, celui de ne faire qu'un avec le monde, celui de contrarier le monde. D'un côté l'osmose entre l'homme et l'univers est fragile : la rotation secrète de nos saisons intimes n'est pas toujours liée aux éléments. De l'autre nous tendons à nous affranchir de l'ordre des saisons tout en souffrant de leurs moindres rigueurs comme si elles insultaient notre volonté d'autonomie. Nous nous scandalisons d'avoir chaud en été et qu'il neige en hiver : nous nous conduisons vis-à-vis du climat comme des enfants gâtés qui voudraient le commander ou le congédier à volonté (en 1986, des membres du journal satirique français, *Jalons*, au plus fort d'un mois de janvier glacial, avaient défilé dans Paris aux cris de « Hiver trop froid, Mitterrand coupable »).

Si glissements de terrain, inondations, avalanches donnent lieu à poursuites judiciaires, c'est que pour nous il n'y a plus de catastrophes naturelles, il n'y a que des négligences humaines. A chaque drame, il faut trouver un responsable. On est passés d'une attitude fataliste à un comportement pénaliste, on s'afflige moins qu'on inculpe surtout à une époque où les boucs émissaires sont assurés. Puisque l'homme a prétendu façonner et maîtriser la nature, il est normal qu'il devienne comptable de ses dérèglements. Mais la formidable puissance qui lui revient en retour le surprend et le terrasse. On peut porter plainte contre Météo-France pour des prévisions erronées et l'on intentera peut-être bientôt procès à notre Mère la Terre pour son mauvais caractère, ses frissons calamiteux, ses exhalaisons malignes. Mais quand survient dans notre Europe préservée un véritable cataclysme, la première réaction est de sidération, de désemparement, tant nous manquons d'une discipline des situations extrêmes (au contraire des Etats-Unis), tant nous avons évacué la notion de risque et de dureté climatique. Double volonté donc d'épouser le monde ou de nous affranchir de lui : la dépendance nous accable, nous humilie mais l'indépendance totale ne nous affecte pas moins car elle nous isole. Besoin de communion d'un côté, d'affirmation de soi de l'autre entre lesquels la conscience moderne, à mi-chemin de son rêve de maîtrise et de son rêve d'harmonie, ne peut choisir.

LES AVENTURES DU CORPS MALADE

Que vous est-il arrivé dans la vie ? Beaucoup de gens pourraient répondre : j'ai fait des ulcères, des infarctus, des rhumatismes, mon corps a raconté des histoires que je peux monnayer en petits récits et ma biographie se résume à cela. Tomber malade c'est aussi avoir quelque chose à dire sur soi qui sorte de l'ordinaire, c'est une manière d'attirer l'attention d'autrui. Qu'est-ce qu'une maladie en effet? Une transformation de l'organisme qu'il est possible de vivre comme une expérience et non pas seulement comme un bouleversement. Aucun romantisme de la douleur ici, rien non plus de ce mythe désuet qui veut qu'à l'origine de chaque grande œuvre on trouve une pathologie récurrente, l'asthme chez Proust, l'épilepsie chez Dostoïevski, la syphilis chez Baudelaire, et qui faisait dire à un Drieu La Rochelle : «Les bien-portants sont des exemples ternes.» Tout le monde bien sûr fuit la maladie et il ne s'agit pas de nier les effroyables tourments qu'elle entraîne. Mais on ne saurait seulement la traiter comme un moindre être, une soustraction[1], une simple alternance de fièvres et de symptômes : elle est aussi un événement de la vie. S'il m'arrive malgré moi une altération de la santé, j'ai toujours la possibilité de la reprendre à mon compte, de me l'approprier, de transformer cette étrangeté, née de mon corps, en ma chose propre. Face aux peines les plus atroces, je dispose toujours du recours de la parole, de la liberté souveraine de les relater pour les tenir à distance.

Les péripéties du corps meurtri (corollaire des

---

1. Dans *Le Normal et le Pathologique*, Georges Canguilhem souligne combien la maladie est une nouvelle dimension de la vie, une expérience d'innovation positive du vivant qui garde la capacité d'être normatif, PUF, 1991, pp. 122-123. François Dagognet explique d'autre part combien la maladie est une autre allure de la vie dont chacun est à la fois victime et bénéficiaire. «Quant on choisit sa vie, on choisit sa maladie.» C'est pourquoi on l'appelle une affection, on en pâtit autant qu'on y est attaché. *Pour une philosophie de la maladie*, entretiens avec Philippe Petit, Textuel, 1996.

extases du corps érotique : la jouissance est expansion comme la dolence est enfermement) témoignent d'une existence tout occupée à se ruminer, à n'affronter qu'elle-même. Rien de plus triste que d'entendre des vieillards à l'hospice échanger d'interminables confidences sur l'état de leur prostate, de leurs poumons, de leurs reins, obnubilés par le radotage de leurs organes, par l'épopée d'une vessie qui se bouche, des pieds qui gonflent, des veines qui s'encrassent. On met ses petites misères au pot commun, on rivalise dans l'horreur, les épreuves partagées créent des liens, forgent des tribus éphémères de diabétiques, de cardiaques, de migraineux. Telle est d'ailleurs la définition de la vieillesse extrême : ce moment où toute l'énergie passe à se préserver, quand tenir est devenu tellement problématique que chaque jour est un combat gagné contre la dislocation. Débâcle lente et silencieuse d'une vie qui s'éteint et se ramène à quelques fonctions essentielles, boire, manger, dormir, se traîner, colmater les fuites, réparer les voies défectueuses : à partir d'un certain moment le temps nous défait plus qu'il ne nous fait, les pertes sont irréversibles.

Il est donc deux manières d'insuffler du romanesque dans la vie quand il ne nous arrive rien : par l'écoute de son psychisme ou la narration de ses misères physiologiques. Le freudisme en effet, en inventant l'inconscient, a donné un nouvel élan à l'art de l'introspection. Voilà chaque existence dotée, grâce à cette chambre d'écho inépuisable, d'une profondeur inattendue. Inflation inédite du commentaire : de même que les rêves sont cette profusion d'intrigues que nous offre le cerveau rien qu'en dormant, nos conduites les plus bénignes ont un sens, lapsus et actes manqués transforment les carrières les plus plates en cavalcades tumultueuses. Chacun peut gloser sur soi, plonger dans ses sous-sols, en ramener une provision de fables, d'énigmes qui instaurent une sorte d'embellissement de l'ordinaire. Il n'y a plus d'individus insignifiants, il n'y a que de grands personnages qui ne se connaissaient pas encore et déploient l'opulence psychique d'un Michel-Ange, d'un Borgia ou d'un Shakespeare…

Pareillement la maladie peut devenir un mode de vie, une certaine manière de convertir le quotidien en fiction voire en enquête policière puisque notre corps abrite un tueur potentiel, sa propre mort. En nous arrachant à l'évidence du quotidien, elle dramatise les gestes machinaux qui en reçoivent une densité extrême. Avec elle l'anodin rejoint le dangereux, une broutille risque de préluder à un dérèglement général (beaucoup de pathologies graves s'installent en nous sans crier gare). C'est la tragi-comédie de l'hypocondriaque que d'anticiper follement sa propre chute, que de lire une sentence fatale dans un mal de tête, une crampe du bras avant de tomber un jour vraiment malade, confirmé ainsi dans ses diagnostics les plus sombres. Avec certaines affections, on entre dans un univers à haut risque. Et pour qui ne tient qu'au prix d'une diète sévère, un verre de vin, une pincée de sel, une noix de beurre peuvent devenir l'équivalent de la roulette russe. Tout patient connaît, grâce à son mal, une intensification paradoxale de l'existence laquelle se transforme en une route semée d'embûches surtout lorsque chaque écart se paye au prix fort. Rien dans le corps ne va de soi, chaque partie peut dégénérer, chaque organe nous torturer, la vie veut tuer la vie : voilà ce dont nous prenons conscience dans les moments d'exténuation physique (selon l'Organisation mondiale de la santé, l'humanité serait guettée par quelque 40 000 maladies, 40 000 façons d'être congédiés de ce bas monde, sans compter les combinaisons et les complications).

Chaque atteinte à l'intégrité physique se caractérise par un enjeu ponctué de crises, de rémissions. Les passions s'y amenuisent peut-être mais ce resserrement est riche d'attentes minuscules, de petites surprises. Ainsi voit-on des personnes souffrantes préférer leur état à un hypothétique rétablissement qui les ramènerait dans le lot commun. Tel le Zeno d'Italo Svevo qui, tout au ravissement de ne pas guérir, vénère comme autant de trésors ses défaillances organiques :

> La maladie est une conviction et je suis né avec cette conviction. (…) Le diabète, je l'avoue, me fut d'une grande douceur. (…) Je chérissais ma maladie. Je me rappelais avec sympathie le pauvre Copler qui préférait la maladie réelle à l'imaginaire. Je tombais d'accord avec lui. La maladie est très simple : il suffit de se laisser porter. De fait quand je lus dans un livre de médecine la description du diabète, j'y découvris tout un programme de vie, je ne dis pas de mort, mais de vie. Adieu résolutions, adieu projets ! Désormais je n'avais plus à intervenir : j'étais libre[1].

---

1. Italo Svevo, *La Conscience de Zeno*, Folio, Gallimard, pp. 23 et 511.

Non seulement l'état de malade procure une personnalité à un individu – la souffrance classique était le lot commun à tous, la souffrance moderne est une identité et presque une raison d'être – mais le mal peut faire l'objet d'un récit surtout quand il est surmonté. Et si certains choisissent de l'ignorer, d'autres le brandissent comme un talisman pour susciter la miséricorde, tyranniser leurs proches ou simplement se rendre intéressants[1]. Chacun à cet égard oscille entre trois écueils qui sont presque trois contraintes narratives : souffrir d'un mal bénin qui ne mérite aucune mention (ainsi de la grippe qui vous met sur le flanc mais dont le rendement en termes de compassion est nul en raison de sa très grande fréquence), d'un mal chronique qui ennuie par sa longueur, d'un mal si effroyable qu'il répugne. Et l'on peut se souhaiter malade pour connaître le merveilleux plaisir de guérir, frôler l'abîme afin d'en réchapper. Moment euphorique où une infection se retire, vous restitue vos forces et l'usage de votre corps : c'est le propre de l'épuisement que de rendre merveilleux le bien-être ordinaire et si désirables les premiers jours d'une convalescence. On en revient tout auréolé de la gloire des conquérants et les maladies sont les batailles du citoyen moderne qu'il évoque et rapporte comme jadis le soldat ses campagnes. Et certains s'inventent des plaies terribles comme d'autres des péchés en confession pour se singulariser.

---

1. Sur le refus de guérir en raison des gratifications élevées que procure le statut de malade, voir Edouard Zarifian, *La Force de guérir*, Odile Jacob, 1999.

UNE TERREUR DÉLICIEUSE

«La peur, disait E.A. Poe, est un sentiment que les hommes aiment éprouver quand ils sont certains d'être en sécurité.» L'instauration de la banalité en Occident nous aura gratifiés de deux catégories littéraires inédites, le policier et le fantastique. Ils jaillissent quand cesse l'ère des miracles propre au Moyen Age, comme force de rupture dans un univers déserté par la féerie et les dieux et déjà discipliné par le travail, la science et la technique. C'est pourquoi livres et films d'horreur fonctionnent à l'infection de l'espace : celui-ci était magique dans le conte de fées, il est désormais empoisonné. L'ordinaire devient terrifiant, tout animé de puissances occultes, de menaces palpables.

Encore faudrait-il distinguer le récit policier classique qui raconte l'irruption d'un désordre dans une société policée et son effacement du roman noir qui épouse le cours d'un monde intégralement chaotique où justice et clarté n'existent plus. A cet égard la culture américaine a inventé deux genres inédits : le western qui est d'avant la loi, le polar qui est hors la loi ou à côté de la loi. Sauvagerie d'une humanité aux frontières de la civilisation d'un côté ; barbarie de la jungle urbaine et des coulisses sociales de l'autre.

Dans le fantastique comme dans le policier nous frissonnons sans conséquences dommageables, sans risques. Bien calés, peinards dans un fauteuil, nous nous délectons d'abominations qui nous rassurent : plaisir de la reconnaissance et d'être en terrain familier. Ce culte de l'atroce est d'abord un culte de pantouflards. Nous n'acceptons de trembler que parce que nous nous savons à l'abri, nous succombons au confort de la terreur et cette terreur contrôlée canalise celles qui nous assaillent d'habitude. Se faire peur pour apprivoiser la peur, telle est la volupté du roman noir, du film d'épouvante.

Ces fictions morbides ont au moins ceci de positif qu'au rebours de nos mythologies actuelles, elles ne dissimulent ni

le mal ni la mort, ce pour quoi elles ont volontiers une conno-
tation religieuse. Nous avons besoin dans les périodes de calme
de regarder l'horreur en face, de savoir ce qui se trame derrière le décor trop sage de nos vies. Autant de rites de valori-
sation du quotidien qui nous font vivre dans la promiscuité du
désastre.

Mais rendu à la vie civile, le spectateur, le lecteur reste hanté
par toutes ces peurs qui ont germé sur l'écran ou entre les
pages et qu'il a provisoirement exorcisées. Elles l'accompagnent, le tirent par la manche, lui suggèrent que peut-être elles
pourraient le frapper pour de bon dans le monde réel. Car la
domestication de l'horrible par la voie artistique est fragile :
c'est dans la pleine clarté du jour que germent les malédictions, que grouillent les monstres et les tueurs. Il faut alors
reprendre le chemin des salles obscures, se plonger dans une
autre intrigue diabolique, s'injecter une autre dose de frayeur
à heures fixes afin de conjurer toutes les puissances maléfiques
qui pullulent dans les interstices du confort et de la passivité.

Joie, disait Spinoza, de savoir détruite une chose haïssable, de parler d'un danger dont on est délivré.
Comme si le fait d'avoir encouru un péril et d'en être
sorti vous plaçait d'emblée dans une lignée aristocratique, vous dotait de la vertu par excellence du héros
(surtout dans le bassin méditerranéen), la *baraka*. Il
n'est rien, on le sait, que nos sociétés admirent plus
qu'un survivant, qu'il soit rescapé d'un accident, d'un
cancer ou d'un coma, surtout quand la science l'avait
condamné.

Qu'on les combatte ou qu'on y succombe, les maladies nous pourvoient d'une histoire. Certaines nous
marginalisent, d'autres nous projettent dans une
société clandestine avec ses rites, ses traditions. Dans

tous les cas, elles témoignent de notre faculté d'aménager le malheur à défaut de s'en débarrasser, de convertir nos faiblesses en expérience créatrice. Même blessée la vie peut donner lieu à un monde, se déployer, mettre en scène ses propres infirmités. Ce peu de chose est encore un cosmos à lui tout seul.

Chapitre VI

LA VRAIE VIE N'EST PAS ABSENTE

« Je crois plus à la mort dans la vie qu'à la vie après la mort. »

André Green.

« Que pouvez-vous faire si vous avez trente ans et qu'en tournant l'angle de votre propre rue, vous vous sentez envahie, soudain, par une sensation de félicité, d'absolue félicité ? Comme si vous veniez tout d'un coup d'avaler un morceau brillant de ce tardif soleil d'après-midi qui continuerait à brûler dans votre poitrine, envoyant des petites fusées d'étincelles dans chaque parcelle de votre être, dans chaque doigt et chaque orteil ?... »

Katherine Mansfield.

« La Joie est le passage de l'homme d'une moindre perfection à une plus grande. La Tristesse est le passage de l'homme d'une plus grande perfection à une moindre. »

Spinoza.

LES RENDEZ-VOUS MANQUÉS AVEC LE DESTIN

Un homme et une femme se revoient par hasard chez des amis après s'être rencontrés il y a dix ans. Dès son plus jeune âge, l'homme, John Marcher, s'est senti marqué par le sort, «par une possibilité prodigieuse et terrible dont il avait le présage et la certitude». Cette chose imprévisible l'attendait cachée «entre les plis et les replis des mois et des années, telle une bête fauve tapie dans la jungle[1]». Elle bondira sur lui à un moment ou à un autre, il suffit de s'y préparer. Il propose à la jeune femme, Mary Bartram, d'attendre à ses côtés cet extraordinaire événement. Etant un élu, il n'a pas peur de se fondre dans l'humanité courante, le secret qu'il possède au fond de soi le rend à nul autre pareil.

Les années s'écoulent, l'homme et la femme vieillissent ensemble, toujours aux aguets. Un jour «l'admirable amie» tombe malade. Avant de mourir, elle confie à l'homme : «Vous n'avez plus rien à attendre, la chose est venue.» Dans le cimetière où elle est enterrée John Marcher croise par hasard un jeune veuf ravagé par un deuil récent; inexplicablement, il lui envie son chagrin, «la violence aveuglante de sa douleur». «Qu'est-ce donc que cet homme avait eu dans sa vie dont la perte pouvait ainsi le faire saigner et pourtant vivre?» Soudain John Marcher comprend que la bête dans la jungle avait le visage de cette femme

---

1. Henry James, *La Bête dans la jungle,* in *L'Elève et autres nouvelles,* 10/18, 1983.

et qu'il l'avait manqué. «L'aimer voilà quelle aurait été l'issue; alors il aurait vécu.» Partager l'affection qu'elle lui vouait, éprouver enfin une passion qui le dévaste lui aurait permis de connaître la saveur de l'existence. Mais muré dans son obsession, il était resté celui «à qui rien ne doit jamais arriver».

Superbe apologue de James : ce qui peut arriver de pire en effet, c'est de passer à côté de son bonheur sans le reconnaître. C'est attendre d'un événement miraculeux qu'il nous rachète un jour sans voir que le miracle réside dans l'événement que nous vivons. C'est croire que notre vie, pour l'instant simple brouillon, basculera bientôt dans l'intensité : ajournement des plaisirs qui ressemble étrangement à l'ascèse religieuse. Comme si à une préhistoire faite de trivialité devait succéder une transfiguration, un congédiement définitif des misères humaines.

Les occasions ratées : un mot qui n'a pas été prononcé, une main qui ne s'est pas tendue, un geste esquissé puis rétracté, autant de moments où par peur, timidité, notre sort ne bascule pas. Trop tôt, trop tard : il est des vies qui restent vouées tout entières à l'inexaucé, l'inaccompli. Ce qui aurait pu être, ce qui ne fut pas : certains se contentent de ce conditionnel et chacun de nous pourrait écrire l'histoire de ses destins évités qui l'accompagnent comme autant de possibles fantomatiques. Brassaï raconte comment, à l'âge de 22 ans, Marcel Proust s'était entiché d'un jeune éphèbe, fils d'un magistrat genevois. Au dos de la photographie que ce dernier donna à Proust était inscrite la dédicace suivante extraite d'un sonnet du peintre préraphaélite anglais Dante Gabriel Rossetti : « *Look at my face ; my name is Might Have Been, I am also called No More, Too late, Farewell.* [1] » Chaque vie étant unique en rejette et en exclut d'autres. Ou plutôt elle s'élève sur un crime : celui des virtualités qu'elle a exécutées et qui n'ont pu s'épanouir. Et l'on a beau savoir qu'il est à chaque instant de nouveaux départs potentiels, que les jeux ne sont pas faits jusqu'au dernier souffle, l'événement est fatal : ce qui a lieu biffe d'autres éventualités. Et pour ceux que ne touche pas la grâce d'une seconde fois, ceux pour qui l'histoire ne « repasse pas les plats » débute alors le temps de la disette des possibles. Les mains cessent de se tendre, la route de bifurquer, elle demeure désespérément droite et plate.

Une autre vie existe, plus belle, plus ardente ! Quel enfant ou adolescent, se morfondant au sein d'une famille monotone, n'a entendu cet appel avec un frisson de plaisir ? Nul n'est condamné à ses conditions de naissance, à son milieu social, parental, conjugal. Le simple fait de pressentir une destinée plus favorable permet souvent de renverser les murs qui nous emprisonnent. C'est le charme des départs, des ruptures que de nous basculer dans l'inconnu et de creuser au sein de la trame du temps une déchirure bénéfique. Aux principes de plaisir et de réalité, il faudrait en rajouter un troisième : le principe d'extériorité, en tant qu'il est le royaume de la diversité, de l'inépuisable saveur des

---

1. C'est Roland Jaccard qui rapporte cette anecdote (*Le Monde*, 24 octobre 1997) : « Regarde mon visage : mon nom est Ce qui aurait pu arriver ; on m'appelle aussi Jamais plus, Trop tard, Adieu. »

choses. La vie procède aussi par révélations, quand nous est offerte soudain l'intuition d'autres mondes bouleversants tel Pécuchet galvanisé par les ébats d'une paysanne splendidement indécente qu'il observe derrière une haie. Il faut laisser une porte ouverte sur le «pays du dehors» (Lewis Carroll), sur le mystère, l'inexploré et cette porte la franchir au moins une fois, répondre à l'appel des ailleurs, le désert pour les uns, l'Orient ou l'Afrique pour d'autres, pour d'autres encore la découverte d'une sexualité nouvelle, d'une vocation étouffée. Alors tout est suspendu à l'imminence d'une fuite, d'un saut qui nous délivrera des puissances asphyxiantes de la routine, de la petitesse. Moment lumineux de l'échappée belle qui nous porte vers de plus beaux rivages.

Mais si l'on peut remettre sa vie en jeu comme un dé qu'on relance, appareiller vers de nouveaux destins, il est faux qu'on puisse faire n'importe quoi, être indifféremment n'importe qui, s'incarner tour à tour dans la peau d'un chercheur, d'un artiste, d'un cosmonaute et que seul «le ciel soit la limite». C'est l'attitude américaine du *can do*, du «tu peux le faire» qui ne fixe aucune borne aux capacités d'un individu pourvu qu'il retrousse ses manches, optimisme d'une nation pionnière qui croit au mariage de l'efficacité et de la volonté. A la contrainte du salut dans l'Ancien Régime a succédé l'ivresse des possibles dans les sociétés laïques et cet éventail donne le tournis. Celui qui espère embrasser tous les chemins risque fort de n'en étreindre aucun; une chose est de sortir de soi, une autre de se croire soustrait à la nécessité du choix, c'est-à-dire d'un cadre qui, en nous restreignant, conditionne aussi notre liberté.

Tel est peut-être le paradoxe : la quête d'une bonne vie doit obéir à deux injonctions contradictoires. Profiter pleinement de ce qui vient mais aussi rester à l'écoute de ce qui se fait ailleurs. Sagesse de la myopie, immergée dans le présent, satisfaite d'être ce qu'elle est, sagesse de la presbytie qui forme des projets et ne se contente pas de son état. D'un côté philosophie du *carpe diem* qui nous invite à considérer chaque jour comme s'il était le dernier, de l'autre espérance du meilleur, refus d'un bonheur imposé (par la famille, l'ordre social) au nom d'un bonheur désiré. Contraction qui nous resserre en nous-mêmes ou expansion qui nous dilate aux dimensions de l'univers (ce fut le schéma qui opposa Rousseau à Diderot), sérénité ou inquiétude, autarcie ou ivresse, nous échappons rarement à ce dilemme.

Si bien qu'il existe deux états du possible : un possible écrasant qui dévore le réel du haut de sa majesté et rend misérable tout ce que nous éprouvons (c'est le malheur du personnage d'Henry James). Et un possible fécondant qui met au jour tout ce qui est en gésine chez les êtres. *Possible sarcophage ou possible chrysalide* : l'un est porteur d'une telle amplitude qu'il stérilise mes moindres initiatives et me désespère d'entreprendre, l'autre fait signe vers un temps plus riche qui est à la fois rupture et continuité et concerne « ce qu'il est doux d'imaginer », comme le disait Kant de l'utopie. Dans un cas la vie succombe sous le poids de l'illimité, dans l'autre elle libère toutes ses latences comme le soleil actualise et réveille toutes les couleurs.

LE POISON DE L'ENVIE

A l'encontre de tout un optimisme officiel, il n'est rien de plus intolérable que la vue du bonheur d'autrui quand on ne va pas bien. Le spectacle de ces gens qui paradent, gratifiés au centuple des dons de la fortune, de la santé et de l'amour, la manière ostensible dont ils plastronnent, font la roue, voilà l'odieux ! Ce pour quoi la contemplation quotidienne des horreurs du monde au journal télévisé peut avoir un effet apaisant : non qu'on se réjouisse particulièrement du malheur des autres mais il nous permet de nous sentir moins seuls et même chanceux : « Voir à quels maux on échappe soi-même est chose douce » (Lucrèce). Consolation par comparaison : nous avons besoin du désastre d'autrui pour nous aider à supporter le nôtre et constater qu'il y a toujours pire ailleurs, que notre condition n'est pas si cruelle. L'amertume naît en général du contraste de mon sort avec celui d'autres mieux lotis et engendre une chaîne sans fin d'insatisfactions. « Etre pauvre à Paris, c'est être pauvre deux fois », disait Zola tant la proximité des richesses rend fou. Et l'on pourrait faire une analyse du milieu littéraire et intellectuel français sous les trois angles du dépit, de la mesquinerie et de la calomnie. Combien de haines inexpiables, de querelles retentissantes motivées d'abord par l'aigreur et la jalousie, et travesties sous des défroques politiques ou philosophiques ?

Parce qu'elles sont égalitaires, nos sociétés démocratiques sont envieuses et favorisent la colère face au moindre privilège accordé à autrui (et à cette forme particulièrement intolérable de privilège qu'est la chance). L'envie peut se porter sur la mine, un détail physique, une marque de voiture, un partenaire amoureux, on peut même envier à l'autre sa misère, ses maladies quand on les trouve plus chic que notre fade condition. Pas plus qu'il ne faut accabler ses proches avec le récit de ses infortunes, il ne faut les écraser des pompes de sa réussite. Calcul subtil qui pousse à taire une bonne nouvelle, à se vêtir modestement, à faire grise mine, bref à convertir la discrétion en stratégie de la distinction. De même il faut simuler le dédain envers les gens plus favorisés que soi pour se préserver des morsures de la rancœur.

Il est une autre source plus profonde à ce sentiment : plus il s'impose comme finalité universelle, plus le bonheur se vide de tout contenu. Le flou de son message constitue à la fois sa force et sa malédiction : ce pour quoi l'on peut plaindre sincèrement tous ceux qui investissent une énergie démesurée dans la constitution de ce bien énigmatique et se croient déchus s'ils n'y accèdent pas dans l'heure. (Mais si le bonheur fuit ceux qui le cherchent, cela ne signifie nullement qu'il favorise ceux qui le fuient.) Nul n'est jamais sûr d'être vraiment heureux ; et se poser la question, c'est déjà se gâter la réponse. De même qu'il n'existait pas pour les calvinistes de critères certains permettant d'établir si l'on était au nombre des élus ou des damnés, chacun de nous ne tire que de sa conviction interne le sentiment d'être satisfait. Mais c'est une conviction que la présence des autres peut balayer en une minute : je me croyais le plus chanceux des hommes et voilà qu'au détour d'une conversation, j'apprends qu'un ami passe des vacances plus excitantes que les miennes, connaît une vie amoureuse plus variée, des perspectives professionnelles plus riches. Conclusion : je ne suis qu'un pauvre type attelé à un destin médiocre.

Bref, la compétition des convoitises peut nous plonger dans un tourment perpétuel. Si haute que soit notre position elle ne nous prémunit nullement de l'animosité face à une place plus élevée. Et l'on s'interdit de rien vivre de bon puisque ailleurs d'autres vivent mieux. Dès lors nous transformons notre bonheur en statut, *nous affichons nos quartiers de félicité comme d'autres leurs quartiers de noblesse.* Il ne s'agit plus d'être heureux mais que les autres ne le soient pas et de les savoir mortifiés. C'est le cas de dire avec Racine : « Un bonheur si commun n'a pour moi rien de doux. Ce n'est pas un bonheur s'il ne fait des jaloux. » Mais outre que nous jugeons les autres plus épanouis ou abattus qu'ils ne le sont, ce type de triomphe est misérable qui entraîne avec lui tous les tracas qu'il veut éviter. La lutte est sans fin qui porte sur des détails dérisoires, rien n'apaise une vanité qui pourrit jour et nuit notre quiétude et se transforme en souci dévorant.

Comment sortir de ce cercle vicieux qui nous précipite de la fureur au désarroi ? Certes on rate le bonheur à force de croire qu'il n'est pas le bon, que seuls de rares élus en détiennent la clef. Mais les choses seraient plus simples si l'on pouvait se satisfaire de ce que l'on vit. Ce qui rend les traités du bonheur en général si plats, c'est qu'ils délivrent un seul et même message : contentez-vous de votre sort, modérez vos envies, désirez ce que vous avez et vous aurez ainsi ce que vous désirez. Sagesse aussi résignée qu'insipide où se rencontrent les spiritualités de toutes sortes, la presse du cœur et les consolateurs officiels. Triste rêve de répit éternel ! Or s'il y a danger à s'égarer sur les sentiers de la béatitude conforme, à embrasser la vie professionnelle, conjugale, familiale avec la certitude qu'elle nous apportera le ravissement tant attendu, on se prive aussi des meilleures choses du monde en ignorant ou en méprisant les exemples d'autrui. Ce dernier n'est pas seulement un rival, un censeur ou un juge : il est aussi un souffleur au sens que le mot a pris au théâtre. Il nous suggère, nous « souffle » mille manières de vivre autrement, de tracer de nouveaux chemins. Les bouffées venimeuses de l'envie peuvent alors se renverser en émulation, en curiosité, autrui devenir un conducteur de désirs au lieu d'un obstacle intolérable. Il y a de par le monde d'autres sentiers de joie, d'autres formes de contentement. De même qu'une œuvre d'art nous révèle de nouveaux aspects de la vie et contribue ainsi à l'embellir, il existe autour de nous des tentateurs, des êtres solaires, radieux qui nous invitent à nous glisser dans d'autres destins. Ce sont eux qui expérimentent des arts de vivre inédits, arrachent le bonheur à ses définitions canoniques, le lancent sur de nouvelles pistes. Il n'est pas mauvais parfois de céder à leur appel, de les suivre comme les enfants le joueur de flûte parce qu'ils instillent en nous « des vices nouveaux » (André Breton). Rien ne serait plus triste que de passer par entêtement à côté de son époque, de ce qu'elle a de meilleur dans sa folie, ses inventions. Double impasse : être happé comme un caméléon par toutes les images autorisées de la félicité ou rester emmuré en soi-même, remâcher sa petite vie comme une gomme sans saveur. Il existe une contagion de l'allégresse, une aimantation irrésistible. Aux cafards qui rôdent autour du malheur avec une mine gourmande, on peut préférer la compagnie des passionnés, des bons vivants dont la seule présence est une promesse d'agrandissement, de gaieté.

LA MYSTIQUE DES POINTS CULMINANTS

C'est une histoire à la fois pathétique et révélatrice que le quotidien britannique *The Times* dévoile à la fin de l'année 1998 : un certain Andrew Park, citoyen anglais, décide en 1993 de fêter Noël tous les jours. Pas une fois, il ne faillit à la règle, été comme hiver. Chaque soir, il dépose au pied d'un sapin décoré de guirlandes trois cadeaux dans ses propres souliers qu'il ouvre le lendemain avec ébahissement. Noël tous les jours finit par peser : dinde, sherry, chocolat, pudding soir apres soir grèvent le budget et composent un menu à la fois trop riche et monotone. Le cérémonial tourne au cauchemar. «J'ai besoin de secours, dit Andrew Park, j'aime Noël tous les jours. Mais je sais que cela devient dangereux [1]. »

---

1. Cité par Pierre Georges, *Le Monde*, 16 décembre 1998.

Abolir la vie quotidienne! Qui n'a caressé ce rêve à un moment ou à un autre? Sous ses formes les plus radicales, cette utopie fut réalisée par les Etats totalitaires du xxᵉ siècle qui réussirent à détruire le statu quo au nom d'une mystique du mouvement et de l'agressivité. On n'a pas trouvé pour l'instant de meilleur remède à l'effroyable banalité de la vie que de la plonger dans la terreur et la guerre. Sans aller jusqu'à ces extrêmes, le refus de pactiser «avec les conditions dérisoires ici-bas de toute existence» (André Breton) peut entraîner un puissant désir de rompre les digues, de se mettre à l'écart de la respectabilité ordinaire. Déjà Balzac exaltait ces hommes dont la vie n'est qu'une suite de poésies en action et qui «font des romans au lieu de les écrire». Il racontait dans l'*Histoire des Treize* les exploits d'individus d'exception, rescapés de l'Empire napoléonien, tous mus par le culte de l'énergie, l'horreur de la platitude, la frénésie du plaisir. Faut-il obéir à cette alternative? N'avons-nous le choix qu'entre démesure ou mesquinerie?

Ce fut la grande utopie des années 60, nous l'avons vu, que de décréter la jouissance perpétuelle, l'état de bonheur permanent. Il s'agissait alors de cristalliser l'écoulement désordonné des jours en un seul instant de ferveur sublime, d'immerger le quotidien dans l'effervescence. Utopie magnifique et terrible dont les situationnistes furent les principaux porte-drapeaux. Mais les ennemis de l'ennui en nous répétant que «les hommes vivent en état de créativité 24 heures sur 24» (Raoul Vaneigem) adoptent dans l'ordre de la jouissance une logique du rendement qui est celle du système industriel. Dans les deux cas il faut tout maximiser, tout soumettre à l'impératif de rentabilité. Les voluptés comme la production ne sauraient tolérer le moindre entracte. Par là même les partisans de l'intensité manifestent à l'égard de cette existence imparfaite la même animosité que les chrétiens de jadis pour la condition humaine. Pour eux comme pour Bossuet la vie ordinaire constitue la faute par excellence, l'abomination même. Toujours il faut fustiger les humains, leur faire honte de n'être que ce qu'ils sont. Ce que l'ultra-gauche et l'extrême droite ont réhabilité dans leur aversion pour la société bourgeoise, c'est tout simplement l'idée du péché originel : *la vie est fondamentalement coupable d'être quotidienne* et quiconque entérine ce fait participe au crime suprême. (Les prophéties convulsives des situationnistes indifférentes à la démonstration, à la vérification ont donné lieu à de belles phrases, à des traits rageurs, lapidaires mais aussi à un vaste trésor d'inepties sentencieuses dont un Guy Debord, aujourd'hui béatifié et embaumé dans le musée Grévin de la subversion, fit un usage sans mesure.)

Erigée en absolu, l'intensité devient tellement intransigeante qu'elle s'inverse en calomnie contre la vie. Si le plaisir est la seule réalité, il se confond avec l'ordre des choses et n'est donc plus le plaisir (ce que démontre à un autre niveau la prostitution qui fait de l'acte le plus bouleversant, l'étreinte charnelle, une mécanique et un commerce). Vient un moment où tous ces mots, utilisés mécaniquement, «passion», «désir», «jouissance», «volonté de vie souveraine», se transforment en langue de bois, en ritournelle : il y a des curés de la volupté comme il y en a du marché ou de la révolution et leurs prêches ne sont pas moins radoteurs. Mais surtout il faut des journées nulles dans la vie, *il faut préserver à toute force les densités inégales de l'existence,* ne serait-ce que pour bénéficier de l'agrément du contraste. Les grands jaillissements d'exaltation s'élèvent presque toujours sur un fond d'attentes, de soucis dérisoires qu'ils éclairent et dont ils se distinguent. Une bouffée de joie illumine une journée qui ne fut jusqu'à elle ni bonne ni mauvaise mais en reçoit une coloration particulière. S'il est des jours qui nous sortent du temps et nous font toucher du doigt une espèce d'éternité, on ne saurait s'appuyer sur eux pour inaugurer une ère de perfection ; de la crête de l'instant admirable, on retombe malgré soi dans la durée profane, encore suffoqué par la béatitude entrevue. On n'abolit pas le quotidien, on le détourne parfois, on le densifie. *La vraie vie n'est pas absente, elle est intermittente,* un éclair dans la grisaille dont on garde ensuite la nostalgie émue. Ou plutôt il n'y a pas de « vraie vie » au sens d'une vérité et d'une seule mais beaucoup de vies intéressantes possibles et c'est cela la bonne nouvelle.

Ce fut également la noblesse du surréalisme que d'exalter le « merveilleux quotidien [1] », que de nous invi-

---

1. « Aurai-je longtemps le sentiment du merveilleux quotidien ? Je le vois qui se perd dans chaque homme qui avance dans sa propre vie comme dans un chemin de mieux en mieux pavé, qui avance dans l'habitude du monde avec une aisance croissante ; qui se défait progressivement du goût et de la perception de l'insolite. C'est ce que désespérément je ne pourrai jamais savoir. » (Louis Aragon, *Le Paysan de Paris.*)

ter à une révolution du regard pour voir notre environnement avec des yeux neufs. La poésie ne se cache pas dans les cieux ou un futur hypothétique, elle est accessible à tous, tout de suite. A travers, par exemple, l'écriture automatique faite de dislocations et de césures qui laisse entendre des sonorités inouïes dans la langue mais aussi par l'exaltation de tout ce que nous prenons pour des stéréotypes : objets usuels, affiches, enseignes sur quoi l'œil et l'esprit glissent machinalement. Nous appréhendons le monde en aveugles, nous ne savons plus y discerner les richesses enfouies. Sous l'ordinaire il faut démêler une beauté époustouflante. Ce n'est jamais le réel, c'est mon regard qui est ennuyeux et que je dois désinfecter, laver de ses impuretés.

L'art moderne lui-même n'est-il pas aussi un processus de «transfiguration du banal [1]»? D'un côté il désacralise l'œuvre classique, la toile, la sculpture par les objets, les matériaux les plus humbles ; de l'autre il sublime ces objets triviaux en les arrachant à leur contexte, en les dépaysant, en élevant n'importe quel produit de consommation à la dignité artistique, comme les urinoirs de Duchamp [2]. Travail de sape d'un côté, de promotion de l'autre : toute une partie de

---

1. Arthur Danto, *La Transfiguration du banal*, Seuil, 1989

2. L'ironie c'est que d'autres artistes peuvent retourner la provocation et, tel Pierre Pinoncelli en 1993 à Nîmes, se soulager à leur tour dans la célèbre fontaine en forme d'urinoir inversé créée par Duchamp en 1917 et frapper l'objet à coups de marteau. Pinoncelli, initiateur en France des happenings de rue et poursuivi en justice, explique qu'à l'inverse de Duchamp, il a voulu transformer une œuvre d'art en objet ordinaire, démarche qu'il assimile à une performance artistique.

l'esthétique contemporaine consiste en ce renversement. Déchéance du noble et du pompeux, élévation
du laid, du rebut. A l'artiste de nous montrer que la
vie dite commune est tout sauf commune, de nous
éveiller à sa féerie. Une révolution esthétique est
d'abord une révélation qui rajeunit le monde, ouvre
sur lui des perspectives inédites. Le quelconque est toujours de l'exceptionnel invisible comme l'exception est
un quelconque exhumé. Autrement dit la vie quotidienne peut être transfigurée si chacun de nous, à son
échelle, devient faiseur de miracles, créateur d'Eden,
«divin tueur d'habitudes» (Pierre-Albert Birot).

JARDINAGE OU RADICALITÉ ?

Pourtant l'existence ne se réduit jamais à l'alternance de l'altitude et de la platitude ou à leur inversion ; il y a entre les deux toute la gamme des petits
délices qu'on ne saurait sans mépris décrier. Il y a
surtout, plus importante que le bonheur, la joie
de vivre tout simplement, la joie d'être ici-bas sur
terre pour une aventure éphémère et insensée[1]. On

---

1. Difficile d'accepter une définition de la joie comme approba-
tion inconditionnelle de la vie, acquiescement absolu à tout ce qui
est, *amor fati* (Nietzsche). De l'assentiment à la résignation, il n'y a
qu'un pas et ces propositions ressemblent furieusement aux prêches
des bigots les plus rétrogrades. Il n'y a joie de vivre à l'inverse que
dans la discrimination entre l'odieux et le délicieux dans le refus
d'accepter les choses telles qu'elles sont. Le pouvoir de dire oui ne
vaut que par le pouvoir équivalent de dire non.

LES PRISONS DU CALENDRIER

Pourquoi va-t-on à l'école? D'abord pour apprendre à rester tranquilles et à devenir ponctuels, disait Kant. Le bon usage des jours et des heures, voilà ce qu'on inculque en premier à nos petites têtes blondes ou brunes. Intériorisée dès l'enfance, cette acclimatation à la régularité ne nous quittera plus. Nous étions turbulents et fantasques, nous deviendrons assis et assidus.

Ce découpage horaire rassure aussi qui permet de dominer le temps, d'encadrer les jours, de mettre un sceau sur leur éparpillement. Il offre ce plaisir très particulier de convertir le vide en plein. Car occuper les heures est difficile ; à défaut on peut prévoir de les quadriller à la minute près. «La construction d'un tableau pour l'emploi de mon temps cet hiver m'a pris près de huit heures d'affilée», écrivait le velléitaire Amiel. Projet pervers de prévoir la vie pour s'abstenir de la vivre. L'anticipation épuise l'acte tout entier : attrait d'imaginer l'avenir, d'en caresser l'image sans le réaliser. On incarcère les semaines dans le corset rigide d'un programme pour s'assurer au moins qu'on y a une place, qu'on est attendu là-bas.

C'est à l'intérieur de la contrainte horaire, notre nouvelle table des Lois, que fleurissent désormais les pathologies. Il y a ceux qui sont toujours en avance ou toujours en retard : deux façons de déjouer la règle, par une exactitude qui frise l'insolence, par une désinvolture proche de la muflerie (surtout dans cette situation où chaque minute compte pour un siècle : le rendez-vous amoureux). Il y a ces faux décontractés qui vivent l'œil fixé sur leur montre et semblent requis en permanence par des tâches impératives. Sans oublier ces retraités qui sont debout aux aurores, errent ensuite désœuvrés, rivés aux réflexes d'une vie de labeur ; ou la pose du surmenage chez certains oisifs qui ne peuvent vous accorder un quart d'heure sans éplucher frénétiquement leur agenda.

Dans l'élaboration précise d'un emploi du temps, il ne faut

pas lire seulement une formalité de type obsessionnel. Au cœur de la subdivision la plus rigide des jours gît l'espoir d'un coup de théâtre : comme si on se protégeait de l'aléa tout en l'espérant, tout en rêvant qu'il fasse exploser les mailles trop serrées de la durée. Tels ces guérilleros qui improvisent en pleine campagne des aéroports de fortune en traçant sur le sol des lignes blanches, nous découpons nos jours et nos nuits avec rigueur dans l'attente d'une surprise absolue. Ce cérémonial compulsif nourrit deux projets contradictoires : la haine maladive du spontané ou le désir d'une apocalypse bénéfique qui balayera d'un coup notre accablement. On peut rêver sur un calendrier comme sur le mécanisme d'une montre : ils sont les barreaux de la prison mais aussi la promesse de l'évasion.

peut rire des plaisirs minuscules et autres gorgées de bière, les trouver trop plébéiennes, trop minimalistes. Il n'empêche qu'elles embrassent une large vérité et consacrent la légende des siècles des sans-grade, des anonymes. Elles ont ceci de particulier qu'elles brisent un double tabou : celui du misérabilisme attaché à la notion de peuple (ce peuple qu'on aime victime ou révolté, jamais heureux) et celui du ridicule puisqu'elles ont le tort d'être grégaires, ni originales ni singulières. Ce bonheur des simples, des « gens de peu » (Pierre Sansot), qui passe par la pêche à la ligne, le camping, le bricolage, les arts ménagers, le jardinage (et l'on sait que le goût des jardins s'est emparé de l'Europe au moment où a cessé la croyance dans le Paradis terrestre), on peut le balayer d'un revers de la main, en ricaner, passer une vie entière à démontrer qu'il n'existe pas, qu'il est de l'ordre de l'illusion.

Pour toute une pensée politique, le bonheur populaire c'est toujours le bonheur de l'esclave chérissant sa servitude, c'est l'ignominie satisfaite du pourceau, vautré dans sa fange, à la fois bête et béat. Puisque le peuple est grossier, il faut le montrer petit dans ses ambitions, risible dans ses loisirs, mesquin dans ses rêves. Aux puissants les stratégies subtiles de la distinction, de la domination symbolique. Aux humbles l'imitation laborieuse, la misère toujours recommencée. Il ne s'agit pas en l'occurrence, grâce à l'éducation, d'élever le peuple à la dignité de sujet politique. Non, il faut lui faire la leçon dans son mode de vie, décréter pathétiques ses goûts, arriérées ses mœurs, dérisoires ses craintes. Et la critique du beauf, du plouc, du petit Blanc par une certaine gauche branchée aurait plus de crédibilité si elle reconnaissait faire elle-même partie de l'objet qu'elle discrédite.

Ce n'est pas le peuple dans sa diversité qu'on aime, c'est la radicalité, c'est-à-dire une mythologie qu'on veut appliquer de force aux couches populaires, que cela leur plaise ou non. Quand le peuple trahit cette vocation et se décline autrement que sous les deux formes canoniques du combattant ou du gémissant, lorsqu'il s'autorise de menues joies, le voilà maudit, ravalé au rang d'un traître à sa mission historique. « Le peuple ne sait pas qu'il est malheureux, nous allons le lui apprendre », disait Lassalle. Vous êtes des esclaves qui se croient libres, s'écrie le révolutionnaire indigné à ceux qui se délectent de leurs modestes fantaisies. Un peu comme Rosa Luxemburg s'étonnait chaque matin que les prolétaires ne prennent pas les armes pour renverser la société capitaliste, la troupe des redresseurs de

torts voudrait faire honte aux gens de leurs petits
contentements et de vivre leur existence à la loupe au
lieu de se conduire en figurants d'un grand récit historique. Il se trouvera toujours des intellectuels, des politiques pour hausser nos supermarchés, nos banlieues et
notre laideur ordinaire au rang d'un crime supérieur à
tous les autres. C'est exactement le travail du révision-
nisme surtout d'extrême gauche qui consiste en général à banaliser le nazisme pour nazifier la banalité capitaliste et libérale.

LA DIVINE DÉRAISON

Il n'est donc pas de salut hors de la banalité ou plutôt elle en constitue contradictoirement le frein et la
possibilité (en même temps qu'elle congédie tout
espoir d'un salut définitif). Rêver de son abolition,
c'est nourrir sous couleur de véhémence un fantasme
policier qui voudrait discipliner à coups d'excitants le
maigre troupeau des jours afin d'en extraire le maximum de sensations. Faut-il alors qualifier de nulle et
non avenue la vie des personnes âgées pour qui le
cercle des plaisirs s'est rétréci mais qui n'en continuent pas moins, malgré leur diminution, à connaître
des satisfactions nombreuses ? On ne s'arrache pas à la
prose du quotidien par les seules forces de la volonté
ou de l'exhortation et « l'état le plus délicieux a beaucoup d'intervalles languissants », comme le disait l'*Encyclopédie* au XVIIIe siècle. Les surréalistes entendaient

réenchanter le monde, les situationnistes hausser la vie ordinaire sur les cimes. Mais de même que le slogan « Vivre sans temps mort et jouir sans entraves » est devenu celui de la marchandise et de l'information qui circulent 24 heures sur 24 sans pauses ni frontières, de même la transmutation surréaliste du banal dégénère souvent en fakirisme quand elle se contente de nous dorer la pilule, de pratiquer l'embellissement systématique. Il ne suffit pas d'un peu de brillant dans les yeux et de beaucoup de grandiloquence pour que des palais surgissent soudain sur les décombres des taudis. (Reste à savoir pourquoi ces deux mouvements d'insurrection de la vie – et le premier avait tout de même plus de génie, plus de panache – ont sombré très vite dans les règlements de comptes, l'invective, l'excommunication comme si la vieille pestilence humaine se vengeait de ceux qui prétendaient la congédier.)

N'en déplaise aux croisés de l'incandescence, il n'y a pas de révolution contre l'ennui : il y a des fuites, des stratégies de dérivation mais le despote gris résiste avec entêtement. Car il a ses vertus : il nous terrasse mais nous oblige aussi à entreprendre, nous permet d'approfondir les ressources insoupçonnées de la durée. Dans sa torpeur, il prélude parfois à des changements radicaux. Sans l'ennui, sans cette somnolence du temps où les choses perdent leur saveur, qui ouvrirait jamais un livre, quitterait sa ville natale ? L'on a tout à redouter d'une société du divertissement continu qui saturerait jour et nuit nos moindres envies.

Robert Misrahi : « La vie heureuse implique une

expérience qualitative unissant la satisfaction et la signification, c'est-à-dire la densité d'une présence à soi en accord avec elle-même et la cohérence d'un sens effectivement voulu et réalisé[1]. » Il nous semble à l'inverse qu'un moment de bonheur est un moment soustrait à la tyrannie du sens, une trêve dans la durée, l'évaporation provisoire du souci. Ça ne veut rien dire que d'être joyeux, que de rire ou de serrer contre soi les êtres aimés mais cela fait du bien. Pourquoi le bonheur aurait-il besoin de sens comme le boiteux de sa béquille ? C'est sa divine espièglerie que de nous gratifier sans raison, que d'éclater à la manière d'une fanfare ou de se faufiler entre les jours de manière subreptice pour s'éclipser de même. La plus grande félicité est peut-être celle qui présente un degré d'arbitraire élevé, ne fait l'objet d'aucune attente, d'aucun calcul, tombe sur nous comme un don du ciel, suspend le cours du temps et nous laisse déconcertés, ravis, transis. (Et l'on peut aussi revisiter l'humble demeure de son passé et y trouver bien des instants où l'on fut heureux sans le savoir.)

Si le bonheur était vraiment, comme on nous le serine, le vœu le plus cher de tous, si on pouvait l'imposer par décret ou l'attraper au filet, comment expliquer que tant d'hommes au moment où ils vont l'atteindre s'ingénient à le détruire, à le piétiner comme s'ils pressentaient qu'une telle victoire serait pire que l'échec ? Comme s'ils soupçonnaient que rien ne ressemble plus à l'Enfer que le Paradis, que ce dernier

---

1. Robert Misrahi, *Le Bonheur*, Hatier, 1997, p. 22.

LES DEUX ÉTATS DE LA FÊTE

Traditionnellement les fêtes religieuses ou païennes figuraient ces moments d'ivresse où une société inverse ses hiérarchies, plonge dans le désordre pour resserrer ses liens, régénérer le temps. Notre époque individualiste tolère mal ces réjouissances programmées et croit n'avoir nul besoin de dates carillonnées pour manifester son instinct de jeu. Au nom du maître mot d'improvisation, chacun entend s'amuser de son côté, réveiller des sources de fièvre sous la surface d'une existence trop sage. Mais il ne suffit pas de récuser les délassements obligatoires pour s'égayer soi-même.

Prenez les boîtes de nuit : ces «maisons d'illusions» comme on qualifiait jadis les bordels forment une bulle d'effervescence dans la prose des jours et ouvrent sur un monde à l'envers avec ses codes, ses rites, sa faune. Mais ce sont aussi des espaces hystériques où le rire et la gaieté sont toujours un peu forcés et qui délivrent souvent du festif mécanique à coup de bruit, de cohue, de fumée. Le fêtard est une sorte de professionnel de l'impondérable, de stratège de l'exubérance.

On aurait tort toutefois d'opposer à cette avalanche d'artifices la fête authentique «à la bonne franquette». Sur tout rassemblement d'humains qui boivent, dansent et ripaillent plane la menace de l'échec, de la tiédeur comme si les dieux avaient déserté la scène. La réussite de ce type de réunions dépend d'une mystérieuse alchimie : dans toute joyeuse assemblée il y a une contagion irrésistible qui ne puise qu'en elle-même ses raisons d'être. Mais quand la fusion ne prend pas, que les conversations languissent, que tous les ingrédients nécessaires, musique, alcool, drogue, sexe, ne parviennent pas à réaliser le précipité magique, alors la grâce occasionnelle de la fête s'inverse en mélancolie.

Outre que l'idéologie festive est le pendant de la doctrine du travail – il faut s'amuser comme il faut œuvrer au point qu'on importe chez nous les fêtes des autres, tel Halloween –, la mystique du spontané ne garantit pas plus l'enchantement que l'organisation la plus stricte. Eternel paradoxe : dès qu'elle est à elle-même son propre prétexte et fuit les émotions sur commande, la fête vient moins facilement. L'étincelle renâcle à jaillir, un goût de cendre ruine les plus beaux festins. Revanche des bonnets de nuit sur les abonnés des nuits blanches. Nous ne sommes pas maîtres de nos divertissements, il faut des règles pour les susciter et commencer par mimer la jubilation pour la ressentir. Il y a tout un manège de la spontanéité qui vaut bien le cérémonial un peu rigide des carnavals et célébrations d'autrefois. La ferveur ne se commande pas et nous fait parfois la mauvaise surprise de se dérober aux rendez-vous que nous lui fixons.

peut s'entrevoir mais non s'accomplir (ce que savent les toxicomanes pour qui la jouissance absolue du flash s'inverse rapidement en une soif atroce du manque). Si, par miracle, l'espace d'une nuit, toutes nos volontés se trouvaient réalisées, nous n'aurions plus qu'à dépérir sur pied : ce pour quoi l'immortalité promise par les religions promet surtout une éternité d'abrutissement.

Vivre uniquement pour le bonheur, c'est donc vivre pour quelques instants et jeter le reste aux orties. Cela veut dire aussi que le malheur commence dès que le bonheur cesse alors que la majeure partie de l'existence échappe à cette alternative et se déroule dans un entre-deux boitillant fait de menues contrariétés, de préoccupations, de petits plaisirs, d'attentes, de projets. Nous voilà condamnés à maudire la banalité tout en l'acceptant : elle est l'abîme qui nous égare et la grisaille conductrice de lumière. Elle fait signe vers le merveilleux qu'elle recèle au double sens du terme, déploie et dissimule. Elle est indécidable.

TROISIÈME PARTIE

La bourgeoisie
ou l'abjection du bien-être

Chapitre VII

CE GRAS ET PROSPÈRE ÉLEVAGE DU MOYEN, DU MÉDIOCRE...*

> «J'appelle bourgeois tout ce qui pense bassement.»
>
> Flaubert.

> «Nous ne luttons pas pour que le peuple devienne heureux. Nous luttons pour lui imposer un destin.»
>
> Ernst von Salomon.

IL FAUT ÊTRE MOINE OU SOLDAT

En 1995 à Colmar, deux jeunes gens lancèrent des engins incendiaires contre un restaurant chic de la ville. Le propriétaire périt dans l'incendie. Arrêtés quelques années plus tard, les deux garçons, d'ailleurs de bonne famille, expliquèrent leur geste par leur volonté de frapper un symbole de l'ordre bourgeois.

---

* Herman Hesse.

Le bourgeois! Grand ou petit, il est depuis deux siècles l'être le plus haï, le plus vilipendé, une sorte de prototype abstrait de l'ignominie qui a quitté sa figure réelle pour s'installer dans le panthéon des divinités maudites. Toute l'histoire de la mythologie antibourgeoise n'est qu'une longue déclinaison d'anathèmes : depuis le marchand d'Ancien Régime qui singe l'aristocratie, se grime et danse de façon grotesque jusqu'au capitaliste du XIXe et du XXe siècle qui grossit sur la sueur et le labeur du peuple. Vomi par la noblesse pour son prosaïsme, par la classe ouvrière pour sa cupidité, par l'artiste qui méprise son mode de vie asservi au calcul et à l'utilité, le bourgeois est en quelque sorte frappé de bassesse ontologique. Pingre, exploiteur, grossier, il ne manquait à ce bouquet de qualités négatives que d'en ajouter une autre : celle de criminel puisqu'on sait depuis Hanna Arendt que ce sont des individus effroyablement normaux qui sont devenus les exécutants de la machine d'extermination nazie[1]. Le bon père de famille que Péguy avait baptisé de dernier grand aventurier du XXe siècle est désormais un monstre en puissance, disposé aux pires atrocités pour se voir garantir une pension et une assurance-vie.

Depuis les romantiques et Nietzsche, il est au moins trois griefs dont cette classe ait à répondre devant tous les camps, *la médiocrité, la vulgarité, la rapacité, les trois*

---

1. George Steiner a repris l'hypothèse d'Arendt en l'approfondissant dans son très beau livre *Le Château de Barbe-Bleue*, Folio, Gallimard, 1973 pour la traduction française.

constellations du cosmos bourgeois. Il faut être moine ou soldat, s'exclamait Joseph de Maistre résumant d'une formule toute la grandeur de l'Ancien Régime animé de quelques passions fondamentales. Or c'est sur le déclin de ces deux figures, le guerrier et le saint, que naît le bourgeois, tout adonné au doux commerce à qui les Lumières assignèrent le double mandat d'exorciser la violence et d'en drainer les pulsions par une action méthodique. C'est l'intérêt, disaient les philosophes français et anglais, qui constitue la plus sociale et la plus sereine des voluptés : il pacifie les mœurs et régularise l'existence. Il canalise le désir sur un seul objet, l'appât du gain, et substitue aux conduites déraisonnables la prudence de la comptabilité, le goût de l'acquisition, l'instinct de propriété. Combinant vertus et inclinations, les négociants devenaient le vrai modèle des temps modernes : « Le commerce guérit des préjugés destructeurs et c'est presque une règle générale que partout où il y a des mœurs douces, il y a du commerce et que partout où il y a du commerce, il y a des mœurs douces », écrira Montesquieu qui fustigera ermites et conquérants portés à la dureté par leur choix des extrêmes.

Mais avant que marxistes et socialistes ne dénoncent dans ce juste milieu l'exploitation éhontée du prolétariat, les romantiques virent dans cette pacification un rétrécissement terrible de l'humain. La morale bourgeoise avait réduit le désir aux dimensions mesquines du seul enrichissement matériel. La vie était plus calme peut-être mais Dieu qu'elle était petite surtout pour ceux qui avaient vécu les fastes de la monarchie et les ouragans de l'épopée napoléonienne. «Qui n'a pas connu l'Ancien Régime ne sait pas ce qu'est la douceur de vivre.» Cet aphorisme célèbre de Talleyrand confirme que l'entrée dans le XIXᵉ siècle fut vécue par beaucoup comme une chute, une nouvelle sortie de l'Eden. Le paradis sur terre promis par les Lumières était devenu *un paradis terriblement terre à terre.* C'est un bonheur sans éclat que promet la nouvelle classe des entrepreneurs et des marchands : hors de la boutique et de la monnaie, point de salut. Plus d'extrêmes, de points saillants : l'humanité devrait s'adonner à ces deux activités avec la monotonie fébrile du troupeau. Ennemi de tous les excès, le petit-bourgeois – en quelque sorte un homme deux fois petit – est l'être insipide par excellence dont même les tragédies sont sans gloire et dégagent un relent de pot-au-feu.

Le crime de cette nouvelle classe ? D'avoir recréé du destin où la Révolution promettait liberté, égalité et mobilité. Collectivement en restaurant une société d'ordres à travers les inégalités sociales, individuellement en forgeant un nouveau type humain docile et modeste, identique sous toutes les latitudes. Autrement que l'aristocratie, la bourgeoisie, en dépit de ses valeurs progressistes, se révèle la classe fatalitaire par excellence. Elle donne naissance à un modèle anthropologique inédit, l'homme standardisé, fabriqué en série, nouveau sujet collectif voué aux mêmes tâches, partageant les mêmes désirs, pensant de la même façon. Pour désigner ces multitudes sans relief dont il constatait la multiplication dans la Russie de son temps, Gogol avait inventé le terme merveilleux de

« menuaille », êtres qu'on « peut qualifier de cendreux car leur costume, leur visage, leur chevelure, leurs yeux ont un aspect trouble et gris comme ces journées incertaines ni orageuses ni ensoleillées où les contours des objets s'estompent dans la brume[1] ». Cette production de masse du semblable fait de l'homme une espèce apprivoisée où chacun est la réplique des autres, un animal domestiqué qui a renoncé à tout élan, à toute passion au profit de sa sécurité et de son bonheur de nain.

Ce qu'ont de fascinant les œuvres de Flaubert, Zola et Tchekhov, c'est qu'elles mettent en scène des individus apparemment libres mais dominés par ces grandes contraintes que sont la fatalité, l'hérédité, la famille, le sang, l'argent, la respectabilité. Dans une époque de progrès et d'optimisme, ces écrivains représentent les oiseaux de mauvais augure : pauvres ou riches, alcooliques ou sains, leurs personnages portent en eux la fêlure qui les brisera. Les plus réfractaires, les esprits forts sont rattrapés un jour par la loi commune, punis sans merci d'avoir voulu échapper à l'ordre[2]. C'est le génie d'un Tchekhov, par exemple, que de nous montrer, avec un rien de cruauté, des âmes ardentes, révoltées, souvent des femmes dont le rêve de gloire, de beauté se fracasse sur les aléas de la vie. Voyez ses pièces ou ses nouvelles. Ce qui compte

---

1. Gogol, *Journal d'un fou*, Folio, Gallimard, préface de Georges Nivat, pp. 20-21.
2. Voir Jean Borie, préface à *La Curée* d'Emile Zola, Folio, Gallimard, ainsi que Gilles Deleuze, « Zola et la fêlure », *Logique du sens*, Minuit, 1975.

chez lui n'est pas ce qui arrive mais n'arrive pas : « on ne s'aime pas, on ne se marie pas, on ne part pas[1] ». Les *Trois Sœurs* enfermées dans leur petite ville n'iront jamais à Moscou connaître un destin plus vaste, la *Fiancée* qui s'écrie : « Je veux vivre (...) je suis jeune encore et vous avez fait de moi une vieille femme » prend congé des siens, pleine d'entrain, certaine de quitter sa bourgade natale pour toujours « à ce qu'elle croyait », rajoute l'auteur, insinuant qu'il s'agit d'un faux départ. Le héros tchékhovien est un être qui se lève pour marcher vers la liberté mais toujours trébuche et tombe. Les rebelles sont voués à être broyés comme les autres. C'est sans doute ce que Sartre voulait dire quand il faisait de la bourgeoisie l'équivalent de la passivité et même de la viscosité de l'être ou quand Paul Nizan décrivait cette classe comme « le monde des vies manquées » tout entier « en proie à la mort » (*Antoine Bloyé*, 1933).

LA GUERRE : POURQUOI PAS ? CE SERAIT AMUSANT !

A cet aplatissement général des idéaux et des comportements, le XIXᵉ et le XXᵉ siècle riposteront par le rêve d'une catastrophe fracassante, révolution ou conflit, qui interromprait le cours trop monotone du temps. « Plutôt la barbarie que l'ennui », ce cri de

---

1. Wladimir Troubetzkoi, préface à *La Fiancée* de Tchekhov, Garnier-Flammarion, p. 11.

Théophile Gautier en 1850 va illuminer toute une époque de rancœurs et de dégoûts. Puisque la vie sous le ciel gris de l'ordre bourgeois suinte la léthargie la plus fétide, il faut lui préférer la morale prédatrice de l'aristocrate ou la liberté du sauvage fier de son corps et de ses désirs. C'est la guerre, l'embrasement général, qui semblera à beaucoup parée de tous les attraits de la nouveauté et de la sensation, surtout après la longue période de paix traversée par l'Europe jusqu'en 1914. Lassées par l'uniformité et la quiétude de leur existence, les nations européennes ont caressé l'idée d'une apocalypse divertissante avant de la réaliser effectivement.

Comme l'exprime un jeune penseur en 1913 : « La guerre : pourquoi pas ? Ce serait amusant[1]. » Non contente d'être distrayante, celle-ci représente pour beaucoup la plus belle des synthèses, la réunion de l'énergie du barbare et de la vaillance féodale. C'est le sociologue Werner Sombart en 1915 qui oppose l'esprit boutiquier des Anglais à l'héroïsme des Allemands, descendants des preux chevaliers teutoniques. C'est surtout Adolf Hitler en 1914 remerciant Dieu à genoux de ce que la guerre ait éclaté car il voit en elle la patrie naturelle de l'homme, l'épreuve suprême qui transforme les tranchées en un « monastère aux murs de flamme ».

Dans ma bouillante jeunesse, rien ne m'a autant affecté que d'être né justement dans une période qui visi-

---

1. Cité par Julien Benda, *La Trahison des clercs*, Grasset, p. 211.

blement n'érigeait ses temples de gloire qu'aux boutiquiers et aux fonctionnaires. Les fluctuations des événements historiques paraissaient s'être déjà calmées et l'avenir semblait devoir n'appartenir qu'à la compétition pacifique des peuples, c'est-à-dire à une exploitation réciproque frauduleuse admise en excluant toute méthode d'auto-défense par la force. (...) (Aussi quand le conflit de 1914 éclata) ces heures furent comme une délivrance des pénibles impressions de ma jeunesse. Je n'ai pas non plus honte de dire aujourd'hui qu'emporté par un enthousiasme tumultueux, je tombai à genoux et remerciai de tout mon cœur le ciel de m'avoir donné le bonheur de vivre à une telle époque [1].

A la vulgarité du « dernier homme » nietzschéen uniquement voué à ses petits plaisirs, tout le XXᵉ siècle, du colonel Lawrence aux Brigades rouges en passant par les Futuristes et les Corps francs, a opposé le romantisme des âmes volcaniques, impatientes de se perdre dans les « orages d'acier » (Ernst Jünger) et de piétiner « cette saleté de culture [2] ». Il faut être « dur ou mou », comme l'exprimaient les théoriciens du national-socialisme, avoir la consistance d'un bloc ou l'inconsistance d'une bouillie, cultiver la « camaraderie de la machine » qui nous donnera des âmes et des cœurs de fer [3]. On sait enfin la fascination exercée sur

---

1. Adolf Hitler, *Mein Kampf*, Nouvelles Editions latines, pp. 158-159
2. Cité in Hanna Arendt, *Le Système totalitaire*, Points-Seuil, p. 52.
3. Il s'agit respectivement d'Alfred Hugenberg en 1928 et de Kurt Schuder en 1940. Cités dans Peter Sloterdjik, *Critique de la raison cynique*, Christian Bourgois, pp. 555, 556.

les intellectuels du XXe siècle, tous d'origine bourgeoise, par la violence et la brutalité, leur goût des «situations limites» (Jaspers), leur penchant pour les politiques du pire maquillées en souci de justice. «Je ne veux vivre que dans l'extrême. (…) Tout ce qui est médiocre m'exaspère à crier», s'exclame Drieu La Rochelle en 1935 alors qu'exalté, il vient de visiter Nuremberg et Dachau et se rend à Moscou. Neuf années plus tard, en 1944, il note dans son *Journal* son admiration pour Staline, le nouveau maître du monde plus fort que Hitler.

Le crime de la bourgeoisie? C'est de préférer la sécurité au courage, la survie médiocre à la mort glorieuse dans un bain de sang rédempteur. Le bonheur bourgeois est deux fois haïssable : pour les croyants, il exalte un matérialisme qui fait bon marché du salut spirituel; pour les révolutionnaires il consacre le triomphe des petits hommes frileux qui n'osent remettre leur vie en jeu dans l'épreuve du sacrifice suprême. Oui, plutôt être un terroriste, un criminel qu'un petit fonctionnaire ou un petit actionnaire! Et plutôt Mao ou Pol Pot, Castro ou Milosevic que la nauséeuse domination bourgeoise. Même Auschwitz pour certains devient préférable au cauchemar cybernétique de nos sociétés[1]!

---

1. «Et quel lyrisme encore dans les massacres d'Auschwitz quand on les compare aux mains glacées du conditionnement généralisé que tend vers la société future et si proche l'organisation technocratique des cybernéticiens.» (Raoul Vaneigem, *Traité de savoir-vivre…*, *op. cit.*, p. 21.)

Dieu merci, nous n'avons pas à choisir entre l'enfer et la platitude. La guerre, on le sait, ne fait plus recette en Occident; nos armées ont adopté – du moins pour elles – le mot d'ordre de «zéro mort» et le siècle passé nous a, provisoirement peut-être, vacciné contre les boucheries collectives (mais non contre la violence qui resurgit de plus belle). Ce qui a dévalorisé la guerre, c'est son alliance très singulière d'horreur et d'ennui. Avec elle c'est l'épouvante qui ratiocine : menée pour tenir en échec la monotonie, elle la reconduit à un degré inégalé. Et nos contemporains, tenant leur vie personnelle pour supérieure à toutes les causes, ne veulent plus à juste titre ni de la routine ni de la tuerie et sont immunisés contre les poésies de l'abîme. Mais surtout ce qui a changé en Occident, depuis les années 60, c'est la libération des mœurs. C'est elle qui nous incite à chercher dans les plaisirs amoureux ou dans certaines drogues l'intensité que d'autres quêtaient avant dans les entreprises belliqueuses au risque, mais ceci est un autre problème, de voir la jouissance annexée à son tour par le royaume du ressassement (la grande aventure moderne, c'est l'aventure intérieure, l'exploration des espaces du dedans). En d'autres termes nous avons acquis *le droit de vivre autrement*, d'échapper au carcan d'un modèle unique. Ebranlée par les contestations, la bourgeoisie a dû se remettre en question et accepter de ne pas être le dernier mot de l'homme, la figure canonique de la vie civilisée. Les Années folles, les révolutions artistiques, l'émancipation de l'après-guerre, l'irruption du jazz et du rock'n roll ont marqué le desserrement de son emprise terrible sur la société.

La même morale du soupçon qui lui avait permis de ruiner le sublime aristocratique s'est retournée contre elle et l'a obligée à s'ouvrir, à se voir en permanence avec les yeux d'un autre. Jadis « confit en bienséance », le bourgeois nouveau, dépris de toute allégeance à la collectivité, est consciencieux le jour, « bambocheur la nuit » (Daniel Bell) et mêle dans sa vie l'éthique néo-libérale avec une frénésie de jouissances héritée des années 60 [1]. Mais surtout il est devenu l'homme de la mauvaise conscience, celui qui vomit en détail ou en totalité le milieu dont il est issu (toute l'œuvre du sociologue français Pierre Bourdieu témoigne par exemple de cette haine de soi de la petite bourgeoisie qui l'incite d'une part à piétiner sa classe d'origine, de l'autre à pratiquer vis-à-vis des hautes sphères, des « maîtres du monde », une réprobation révérencieuse, une hostilité pleine de respect).

A quoi reconnaît-on un bourgeois ? En ce qu'il maudit sans relâche la bourgeoisie, son odieuse respectabilité, son atroce hypocrisie. Si bien que l'auto-dénigrement est devenu le mode d'être du bourgeois : parce qu'il appartient à une classe qui doit constamment relégitimer son existence et ne cesse de piétiner les principes qu'elle affiche, il est contraint de vivre divisé, dressé contre soi et de donner « en partie raison à ses adversaires » (François Furet). De là que nous soyons tellement choqués quand les conservateurs

---

1. Comme l'a brillamment noté Mark Lilla : « La double révolution libérale : sixties et Reaganomics », *Esprit*, octobre 1998.

européens et américains, retrouvant les accents de croisés de leurs ancêtres, prétendent à nouveau régenter nos mœurs et nos intimités, imposer à tous un même mode de vie. Quel contresens à cet égard que de voir dans le Pacs ou dans un éventuel mariage homosexuel assorti d'adoption les prémices d'une désagrégation de la famille ! C'est exactement l'inverse : c'est l'ordre familial qui triomphe chez tous, à quelque chapelle qu'on appartienne, et l'on ne voit pas au nom de quel argument, anthropologique ou autre, on pourrait s'y opposer. Notons d'ailleurs que ce qu'on appelait jadis la bêtise bourgeoise, la volupté de la bonne conscience, l'étroite adhésion à soi-même, si elle sévit encore massivement dans la bourgeoisie, s'est étendue à ses ennemis et touche n'importe quel groupe, catégorie sociale, minorité ethnique ou sexuelle qui s'enorgueillit d'être ce qu'elle est et s'affiche avec une fierté sans recul. L'on ne décline son identité que pour inciter les autres à s'incliner et on l'affiche bruyamment par crainte peut-être de ne pas exister sans elle. Comme si pour nombre de ces mouvements, elle constituait un passe-droit qui excuse leurs travers et les délivre des douleurs de la remise en cause, de l'obligation de vivre à distance de soi. Le conformisme de l'anticonformisme vaut bien l'autre et la police des marginalités n'a rien à envier à celle des normaux surtout quand elle se donne l'alibi de la rébellion[1]. Aujourd'hui M. Prudhomme se dit

---

1. Selon Lucien Sfez, en 1995, 48 % des étudiants en littérature à Stanford (Californie) se déclaraient gays, chiffre qui a peu à voir avec

artiste et prend la pose du subversif, du grand résistant (au Capital, à l'ordre moral, au racisme, au fascisme, à la censure, etc.). En quoi les vitupérations antibourgeoises ont ceci de spécifique qu'elles tiennent à la persistance de leur objet d'exécration. Elles ne vitupèrent pas pour tuer mais pour conserver.

AMER TRIOMPHE

Car par une ironie maligne ou maudite, comme on voudra, la bourgeoisie a non seulement survécu à sa destruction annoncée mais a proliféré au point de devenir la nouvelle classe universelle, à mi-chemin des très riches et des très pauvres, alors que le prolétariat, ex-sujet messianique, décroît partout numériquement au profit d'un salariat précaire. Bref le bourgeois n'a plus d'Autre et ses détracteurs les plus féroces, tel l'artiste, n'en représentent que des variantes plus ou moins pittoresques. Puisque la bourgeoisie a absorbé les modes de vie qui la défiaient, les différences de classe existent toujours mais à l'intérieur d'un même ensemble et pour se dérouler dans une sphère unique, elles n'en sont pas moins féroces. Et cette masse dominante elle-même s'oppose à tous les exclus qui forment à ses frontières un agrégat turbulent et frondeur, d'autant plus amer

---

la réalité. L'auteur voit trois raisons à ce phénomène : il est chic de se dire gay loin de l'image brutale de l'hétérosexuel ; les gays étant une minorité sont protégés syndicalement et enfin ne peuvent être accusés de harcèlement sexuel. *La Santé parfaite, op. cit.*, p. 65.

qu'il n'est pour l'instant porteur d'aucun projet. Si rien n'échappe à l'immense pieuvre des classes moyennes, il nous reste au moins la ressource de les mépriser, c'est-à-dire de nous mépriser, de nous flageller sans relâche. De politiques, les griefs antibourgeois sont devenus avec le temps culturels et même métaphysiques.

Que nous soyons tous bourgeois à un titre ou à un autre, c'est ce que prouve notre religion de l'économie élevée au rang de spiritualité suprême. Elle tient désormais le rôle de l'absolu, c'est avec ses critères que s'évaluent notre contentement et notre inquiétude, bref elle est notre destin au lieu de rester un service. De là découle *la confusion moderne entre confort, bien-être et bonheur* et notre vénération pour l'argent : car nous sommes tous devenus protestants au sens de Max Weber, nous croyons tous aux vertus de l'argent et à l'argent comme vertu (plus exactement, c'est une variante puritaine du protestantisme qui a fait souche en Amérique et de là s'est répandue dans le monde entier). C'est peut-être la faiblesse des doctrines utilitaristes que de postuler un Souverain Bien que tout le monde devrait suivre et de croire possible l'accord des bonnes volontés. Elles ont le mérite de promouvoir une politique progressiste qui défend les acquis du *welfare state*; mais elles basculent dans la contrainte lorsqu'elles en définissent de façon discrétionnaire les contenus quitte à exclure quiconque défie la règle : quand par exemple, elles pénalisent les fumeurs invétérés au motif qu'un homme qui détruit sa santé ne peut pas être heureux ou quand elles s'inquiètent gravement des répercussions de « la limite de vitesse à 55 miles à l'heure »

sur notre félicité personnelle [1]. Il n'est rien de mépri-
sable dans ces sujets, au contraire, et il aura fallu un véritable bouleversement politique et moral pour ouvrir le
droit aux aises et aux commodités à la plèbe. Souve-
nons-nous qu'au XIXᵉ siècle les réactionnaires esti-
maient indispensable à la paix sociale de maintenir le
peuple dans la crainte et le dénuement. Mais si les gou-
vernements peuvent créer des conditions optimales,
favoriser toutes sortes de fins qui sont bonnes en soi (la
santé, le logement, l'éducation, la sécurité) il ne leur
est pas permis de trancher sur ce que doit être la vie
heureuse. Les hommes ne s'entendent que sur les maux
qu'ils souhaitent éviter ; ils ne sauraient, en démocratie
du moins, s'accorder sur le bien suprême laissé à l'ap-
préciation de chacun qui le place où il veut. Il est possible d'en débattre à l'infini, de constater avec étonnement les mille voies d'approche vers le ravissement, de
courtiser en la matière le consentement d'autrui mais
non d'imposer ou de décréter. En d'autres termes, *il y
a des politiques du bien-être, il n'y a pas de politiques du bonheur.* Si la misère rend malheureux, la prospérité ne
garantit nullement l'euphorie et la délectation. C'est le
danger d'inscrire le droit au bonheur dans la Constitution : soit on le dilue en une myriade de droits subjec-
tifs qui ignorent l'intérêt commun ; soit on laisse à une
oligarchie ou à l'Etat le soin de dire le préférable au
risque de verser dans l'autoritarisme.

Villiers de L'Isle-Adam avait imaginé un appareil

---

1. Charles Murray, *Pursuit of Happiness and Good Government*,
Simon and Schuster, New York, 1988, p. 186.

à recueillir les derniers soupirs afin de rendre la fin des proches moins cruelle. Reich avait construit une machine à accumuler «l'énergie orgonotique». Gageons qu'à l'heure actuelle un groupe de scientifiques est en train d'édifier un «hédonomètre» afin d'évaluer le BNB (Bonheur National Brut[1]), le taux de béatitude dans une population donnée, comme on mesure le taux d'humidité de l'air. Quelle que soit l'ingéniosité du calcul, il y a fort à parier que les chiffres auront peu à voir avec le «bonheur» lequel n'est pas de l'ordre de la statistique ou du besoin.

Reste que depuis 1989 la haine du capitalisme, loin de décroître, va en s'intensifiant puisqu'en l'absence d'alternatives, ce système pèse sur les destinées du monde avec le poids de la fatalité. On ne lui fait crédit d'aucun bienfait, on porte à son débit tous les malheurs. D'autant que s'il a triomphé du communisme, il a échoué vis-à-vis de lui-même, des promesses qu'il nous prodigue par la voix de ses théoriciens en laissant des pans entiers de la planète dans le dénuement et l'indigence. La seule manière de le «tuer» serait de l'adopter en masse et unanimement jusqu'à ce qu'il périsse sous le poids de ses contradictions. Mais puisqu'il ne vit que de ses critiques, il en reçoit un regain d'énergie, une assurance de résurrection permanente. C'est un organisme qui mue et se régénère toujours sous une forme qu'on n'attendait pas. Par une distorsion étrange, ceux qui le fustigent n'envisagent

---

1. Selon le terme adopté par le Club de Rome en opposition au PNB.

que de le battre sur son propre terrain ou de faire mieux que lui. Ils s'en croient les adversaires, ils n'en sont que les courtiers, ils pensent travailler à son dépassement, ils œuvrent à son perfectionnement. D'où le côté incantatoire de la parole anticapitaliste (ou antilibérale) qui tient à la fois de l'anathème et du service puisqu'en soulignant les défaillances du système, elle lui permet de se reconstituer sans se briser.

L'exécration antibourgeoise a de beaux jours devant elle : à travers cette figure de rhétorique, c'est la modernité tout entière qui crie sa haine d'elle-même, répudie ses échecs et ses laideurs, condense l'aversion qu'elle se porte. Car la modernité ne s'aime pas (même quand elle se déguise en post-modernité). Elle a porté si haut les espérances humaines qu'elle ne peut que décevoir. Revanche grinçante des religions : elles sont peut-être mal en point mais ce qui leur succède ne va pas bien non plus. Je ne sais si nous devons craindre, comme l'affirment certains, l'apparition d'une «hyperclasse» (Jacques Attali) transnationale, maîtresse des flux et des savoirs et qui instaurerait une sorte d'apartheid à l'échelle planétaire. En revanche et au vu de l'histoire proche, il faut redouter peut-être ces fractions de la bourgeoisie qui, par frustration, horreur de soi, sont prêtes comme au XXᵉ siècle à faire alliance avec la populace et à relancer l'aventure totalitaire, au nom bien entendu de la justice sociale, des damnés de la terre, de la race, de la civilisation ou de n'importe quel autre camouflage. Méfions-nous de ces élites qui s'ennuient, maudissent la petitesse de leur vie et louchent avec convoitise sur l'apocalypse et le chaos.

FADEUR DES PRIÈRES EXAUCÉES

Les illusions perdues : on les oppose couramment depuis l'époque romantique aux rêves héroïques de la jeunesse. L'existence serait un trajet fatal de l'espérance vers le désenchantement, une entreprise d'entropie perpétuelle. A ce lieu commun des songes foudroyés, il est possible toutefois d'opposer un autre modèle : celui de la surprise bienheureuse, des illusions retrouvées. Car le monde des rêves, contrairement à ce que l'on dit, est pauvre et mesquin alors que la réalité, dès que nous commençons à l'explorer, nous suffoque sous son abondance, sa diversité. «J'appelle ivresse de l'esprit, disait Ruysbroek, un mystique flamand de la Renaissance, cet état où la jouissance dépasse les possibilités qu'avait entrevues le désir. » Au principe d'antériorité qui juge la vie d'après un programme, il faut opposer le principe d'extériorité : le monde déborde infiniment mes représentations ou mes attentes et il faut faire le deuil de ces dernières pour commencer à l'aimer. Ce n'est pas lui qui est décevant, ce sont les chimères qui corsètent notre esprit. Fadeur des prières exaucées : il y a quelque chose de très profond dans cette sagesse qui nous met en garde de ne jamais trouver ce que nous cherchons. «Préservez-moi de ce que je veux», gardez-moi d'habiter l'Age d'or, le jardin des souhaits accomplis.

Rien de plus triste que l'avenir quand il ressemble à ce que nous avions imaginé. Déception quand les vœux coïncident avec ce que nous vivons alors qu'il y a une émotion particulière à voir nos expectatives dévoyées par des incidents particuliers. (Aussi la littérature du bonheur est-elle le plus souvent une littérature désabusée : soit que l'espérance ait été trahie, soit, plus troublant, qu'elle ait été atteinte, le désir assouvi, c'est-à-dire tué.) Plus que du projet réalisé, la jouissance naît du projet détourné chaque fois qu'une péripétie l'emporte ailleurs. Si l'ennui est toujours du côté de l'équilibre, il y a

débordement joyeux dès que l'imaginaire doit le céder en pro-
diges devant le réel : «J'avais à me prononcer entre le marteau
et la cloche, j'avoue maintenant avoir surtout recueilli le son»
(Victor Segalen). Toute vie exaltante est à la fois accomplissement et déroute, c'est-à-dire une déception merveilleuse
quand arrive ce qu'on ne désirait pas et qu'on devient sensible
à tout ce qui fait l'existence opulente, fervente, capiteuse. La
débâcle de l'illusion est toujours la porte ouverte aux miracles.

Autrement dit, nous ne cessons peut-être d'osciller entre
deux attitudes fondamentales : celle du procureur qui condamne la vie parce qu'il l'évalue à l'aune d'une utopie ou d'une
idée préconçue (le Paradis, les lendemains qui chantent, le bonheur) et celle de l'avocat qui la défend et la célèbre coûte que
coûte dans ses déboires comme dans ses attraits, qu'elle le blesse
avec cruauté ou le caresse avec suavité. Et quand l'accusateur
s'exclame : j'ai été floué, le défenseur répond : j'ai été comblé.

Chapitre VIII

LE BONHEUR DES UNS
EST LE KITSCH DES AUTRES

UN GOUFFRE SANS FOND

Dans le procès intenté depuis la Révolution française à la culture démocratique, il est un mot qui revient sans cesse : la vulgarité. Car celle-ci, d'apparition récente, naît au moment où le peuple, d'assujetti, devient, nominalement du moins, le principal acteur de la vie politique. Elle se propage avec la mobilité sociale qui débouche sur la confusion des classes, met côte à côte le noble et le roturier, l'urbain et le paysan, le prolétaire et le patron, elle constitue cette affreuse dissonance qui jaillit du brassage de milieux différents, de castes séparées qui n'ont pas su rester à leur place. La vulgarité s'empare de la planète dès lors que les vertus aristocratiques d'une part, la naïveté du peuple en enfance de l'autre disparaissent au profit de cet objet aléatoire, les classes moyennes, qui se tiennent à égale distance des extrêmes, se veulent garantes de la mesure et des institutions selon un schéma qu'Aristote, ce philosophe de la mitoyenneté humaine, avait déjà développé[1]. Mais elles sont aussi un lieu de circulation, une zone d'alliages impurs où les divisions antérieures sont brouillées. Tout ce qui est moyen n'est pas forcément médiocre : il est aussi médiation, lieu de confluence et de convergence des échanges. Et les classes moyennes répondent à la triple définition du nivellement, de l'équilibre et de la porosité.

Que le peuple soit naturellement grossier, cela n'est pas nouveau. Avant d'être synonyme de martyr ou d'insurgé dans la christologie socialiste, il a d'abord signifié un état primitif de la conscience. Platon dans *La République* le comparait à un « gros animal » qu'il faut caresser dans le sens du poil pour l'amadouer, animal ignorant et stupide qui joue dans la conduite d'un Etat le même rôle qu'un capitaine de vaisseau sourd et myope en matière de navigation. Sous l'Ancien Régime deux humanités se côtoyaient sans se contaminer, des barrières étanches séparaient la plèbe du reste de la société. Tout change avec la disparition du monde féodal. Mais le peuple, ayant accédé en prin-

---

1. « Dans tous les Etats sans exception, il existe trois groupes de citoyens : les gens très riches, les gens très pauvres et en troisième lieu ceux qui occupent le milieu. Si on admet que rien ne vaut que ce qui est modéré et le juste milieu, il est évident que de même pour les biens de la fortune, le mieux est d'en avoir de façon modérée. Car c'est ainsi qu'on peut le plus aisément obéir à la raison » (cité par Jacqueline de Romilly, *Problèmes de la démocratie grecque*, Hermann, 1975, pp. 177-178). La classe moyenne, selon un raisonnement qui sera plus tard celui de Michelet et de Raymond Aron, n'est ni assez riche pour se laisser aller à l'oisiveté ni assez pauvre pour se révolter.

cipe au rang de souverain, est toujours tenu en suspicion quant à ses goûts. Kant expliquera ainsi que le paysan savoyard, trop rustre, ne peut saisir la beauté des glaciers et des pics où il ne voit que danger et détresse. Le roturier, le serf, le vilain dont on disait au Moyen Age que l'âme lui sortait par le cul, ceux dont la mort jadis, dans les chansons de geste, prêtaient à rire, sont peut-être devenus les personnages principaux dans les affaires de la cité, ils restent par nature imperméables au sublime. S'ils prétendaient s'en mêler, donner leur avis, ils sombreraient dans la stupidité.

La vulgarité n'est pas la maladresse du manant mal dégrossi, objet classique de moquerie de la part des nobles, elle commence avec le Bourgeois gentilhomme, mimant l'aristocrate qu'il ne sera jamais, elle marque surtout une étape décisive : l'invasion des masses dans les manières et les mœurs, autrement dit l'élévation de l'inférieur au même rang que le supérieur. Elle est une conséquence de l'égalité, symptôme d'un temps qui a prétendu saper les hiérarchies, remplacer les âmes bien nées par les esprits méritants, accorder à tous la même chance. Les valeurs sont aplaties, les distinctions effacées : la femme du monde peut se révéler une catin, le dignitaire le plus élevé un aventurier de bas étage. La vulgarité, pour reprendre un mot de Zola à propos du Second Empire, c'est l'orgie, le mélange des genres : c'est la ruée vers les jouissances faciles, l'amalgame des ordres et des prérogatives, le côtoiement universel, la bousculade des appétits et des ambitions ; c'est enfin le triomphe du parvenu (et de son corollaire le paria), de l'illettré millionnaire qui se hâte d'acquérir quelques rudiments de politesse et de culture pour jeter un voile pudique sur ses origines[1].

LES STRATÉGIES DE L'USURPATEUR

La vulgarité est une perversion du mimétisme, une maladie de la légitimation : elle consiste toujours à simuler ce qu'on n'est pas. Au lieu de se soumettre à un apprentissage patient, le vulgaire s'installe à la place de celui qu'il imite et prétend l'égaler sinon le détrôner. La vulgarité redouble donc l'histoire de la bourgeoisie comme son ombre portée et jette le doute sur ses plus belles conquêtes : cette classe n'a pas seulement trahi sa mission en recréant sous elle un tiers état, elle s'est inclinée devant ceux qu'elle a vaincus en leur empruntant modes de vie et façons. La noblesse fascine le bourgeois parce qu'elle est détentrice d'un grand style qui manquera toujours au second : celui-ci copie ses manières avec une application qui frise le grotesque car il espère ainsi fonder en tradition une existence qui en est dépourvue[2]. L'imitateur croit capter l'âme, il en reste au niveau de l'apparence et s'enlise dans la parodie.

---

1. Emile Zola, *La Curée*, résumée par Jean Borie dans sa préface, Garnier-Flammarion, pp. 21-22.
2. Voir à ce sujet l'excellente étude de Philippe Perrot, *Le Luxe*, Seuil, 1995, notamment les pages 163 à 167.

UN GÈNE DU BONHEUR ?

Dans les années 70 un groupe de chercheurs en neuro-pharmacologie, enquêtant sur les effets divers de la cocaïne et des opiacés, tentait d'identifier les substances dont la présence variable dans le cerveau détermine en chaque individu le don de la bonne humeur et de la volupté[1]. Evoquant une « capacité hédonique », ils décrivaient la dépression, la frigidité, la tension comme des états neurologiques déterminés. L'investigation dans ces domaines n'a pas cessé depuis. Qu'une inégale aptitude génétique au plaisir, au stress, à la douleur, au vieillissement réside en chacun de nous, nul ne le niera. Mais s'agit-il d'un facteur décisif ? Si le gène du bonheur existait vraiment comme ceux, tout aussi fictifs, du crime, du fanatisme, de l'homosexualité, quel soulagement ! La vie cessant d'être une histoire chaotique que nous ecrivons selon les circonstances aurait toute la rectitude d'un programme : non plus inscrite comme jadis dans le grand livre divin mais dans l'arborescence de l'ADN. Nous serions calibrés pour un certain degré de satisfaction, marqués par notre bagage chromosomique quoi que nous fassions ou voulions. Il y aurait d'un côté les anxieux voués à jamais à l'adrénaline et à la sérotonine, de l'autre les béats au cerveau inondé en permanence de dopamine. Finis les soucis dus à la liberté, aux aléas : génétiquement prédisposés donc prédestinés.

Or le grand mystère du bonheur, c'est qu'il ne se réduit pas aux composantes qui en permettent ou en freinent l'émergence : on peut les réunir dans un faisceau optimum, il les outrepasse toutes, ne se laisse ni cerner ni définir et se désagrège telle l'aile du papillon dès qu'on croit le tenir. Mais sur-

---

1. Il s'agit d'Edward Khantzian, Paul Meehl et Donald Klein, cités in Giulia Sissa, *Le Plaisir et le Mal*, Odile Jacob, 1997, pp. 168, 169.

tout la vie a toujours la structure de la promesse, non du programme. Naître c'est en quelque sorte être promis à la promesse, à un avenir qui palpite devant nous et que nous ignorons. Tant que l'avenir garde le visage de l'imprévisible et de l'inconnu, cette promesse a un prix. C'est le propre de la liberté que d'emmener l'existence ailleurs que là où on l'attendait, que de déjouer les inscriptions biologiques, sociologiques. L'excitation de ne pas savoir de quoi demain sera fait, l'incertitude de ce qui nous attend est en soi supérieure à la régularité d'un plaisir inscrit dans nos cellules. Dans tous les cas de figure, il est une valeur qui dépasse infiniment le bonheur, c'est le romanesque, cette faculté merveilleuse qu'a le destin de nous réserver jusqu'au bout des surprises, de nous étonner, de nous arracher aux rails où nous étions engagés. A un bonheur sans histoire, ne faut-il pas préférer une histoire sans bonheur mais pleine de rebondissements? Rien de pire en l'occurrence que ces gens éternellement gais, en toutes circonstances, qui ont accroché une grimace radieuse à leur face comme s'ils purgeaient une condamnation à vie à l'allégresse.

Il combine de façon brouillonne des signes qu'il ne maîtrise pas et s'affilie sur le mode du pastiche à la caste qu'il convoite. L'outrance à la place de la simplicité, l'ostentation braillarde en lieu et place de la distinction, voilà ce qui trahit le roturier désireux de s'assimiler.

Ce pour quoi la vulgarité a partie liée avec l'argent, c'est-à-dire avec la tentation d'acheter l'élégance, la classe, la considération que l'on n'a pas de naissance · en quoi le personnage du *nouveau riche* est emblématique. Dans sa tentative de convertir la grammaire de l'avoir en langue de l'être, il en fait trop, trahit ses origines au moment même où il voudrait les faire oublier. Quoi qu'il dise ou fasse, il lui manque la nonchalance, l'à-propos, l'aisance des bien-nés. Dans ses vêtements de trop bonne coupe, dans ses propos faussement décontractés, il a toujours l'air endimanché. Et ses efforts pathétiques le rejettent dans ces ténèbres d'où il voudrait tant émerger. Ce que le parvenu apprend à ses dépens, c'est qu'on n'est pas distingué parce qu'on est riche et qu'on ne fait pas partie des riches parce qu'on a de l'argent : on est un individu qui a réussi c'est tout et qui piaffe d'être reconnu par les haut placés. *Il y a ceux qui ont l'argent, il y a ceux qui sont l'argent*, les héritiers issus d'un noble lignage et les besogneux à qui manqueront toujours l'éducation, la patine du temps, le raffinement.

Comment ne pas voir toutefois que la brutalité du nouveau riche est signe de vitalité, facteur de mouvement[1] ? Ce qui inquiète chez le parvenu c'est moins son insolence que l'insidieuse corruption des codes à laquelle il se livre : ces modèles qu'il vénère, il les profane tout à la fois. Etre copié, c'est être dépossédé, ébranlé dans sa légitimité, c'est presque être renversé. A cet égard la Rome absolue de la vulgarité s'appelle pour beaucoup l'Amérique, cette fille dévoyée de l'Europe et qui a mieux réussi qu'elle. Déjà Schopenhauer notait au XIXᵉ siècle :

---

1. Si l'on ne manque pas en France d'une sociologie de l'argent neuf (Michel Pinçon et Monique Pinçon-Charlot en ont donné un très bon aperçu dans *Nouveaux patrons, nouvelles dynasties* (Calmann-Lévy, 1999), rien à ma connaissance n'a été écrit sur la formidable réussite des rapatriés d'Afrique du Nord, sur leur fusion avec l'ancienne bourgeoisie, sur le luxe tapageur qu'ils affichent parfois et qui séduit les uns autant qu'il horripile les autres.

Le caractère propre de l'Américain du Nord, c'est la vulgarité sous toutes ses formes morales, intellectuelles, esthétiques et sociales ; et non pas seulement dans la vie privée mais aussi dans la vie publique ; elle n'abandonne pas le Yankee qu'il s'y prenne comme il voudra. (…) C'est cette vulgarité qui l'oppose si absolument à l'Anglais : celui-ci au contraire s'efforce toujours d'être noble en toutes choses ; et c'est pour cela que les Yankees lui semblent si ridicules et si antipathiques. Ils sont à proprement parler les plébéiens du monde entier.

Reste à savoir pourquoi ces plébéiens ont contaminé le monde entier de leur mode de vie et pourquoi l'épopée américaine a déteint sur l'ensemble de la planète au point de faire à son tour l'objet d'un mimétisme universel. Il faut dire alors qu'il y a dans la vulgarité, c'est-à-dire dans la maladresse de la singerie, une énergie formidable, un travail, dont le résultat est souvent la création d'une forme inédite. *Elle est l'un des chemins qu'emprunte la nouveauté pour venir au jour.* La force de la vulgarité américaine, c'est que portée par un esprit de bâtisseurs elle a cassé tous les liens avec les modèles et que, dans ses pastiches démesurés des autres cultures, elle a inventé du jamais vu, une nouvelle civilisation.

POUR UN KITSCH SALVATEUR

Selon une rumeur qui dure au moins depuis un siècle et demi, la modernité, victorieuse politiquement, constituerait une défaite esthétique, la domination du petit sur le grand, du mesquin sur le noble, du débraillé sur l'harmonie. Gavé d'objets inutiles, l'homme moderne aurait troqué les grâces de l'esprit pour les pacotilles de la distraction. Puisque aucune classe ou élite ne fixe plus les canons et les normes, libre cours est donné à la sous-culture mercantile et médiatique d'imposer partout ses à-peu-près, son simplisme, sa niaiserie. Tout n'est pas faux dans ce jugement. La vulgarité est bien le symptôme d'une société qui n'est habitée par rien d'autre qu'elle-même et prétend accorder légitimité à toutes les expressions collectives ou individuelles. Elle est la contrepartie de la souveraineté populaire dès lors que celle-ci, outrepassant ses compétences, prétend exercer son magistère dans les manières et les arts. C'est pourquoi si l'on ne veut pas transformer la démocratie en échec spirituel il faut protéger le peuple souverain contre lui-même, contre ses toquades, contre la massification qu'il impose du seul fait du nombre. Il faut coloniser au profit de la démocratie des valeurs traditionnellement considérées comme un frein à son expansion : la ferveur, la révolte, la grandeur, l'intransigeance. Elle a besoin pour durer de sa propre antithèse qui risque de la tuer mais peut aussi la revivifier. Il faut donc y injecter à doses homéopathiques des vertus aristocratiques ou barbares qui vont à l'encontre de ses idéaux, déclarer « la guerre du goût » (Philippe Sollers), rétablir des gradations, accabler le niais, le médiocre, revendiquer partout la verticalité du style et du talent.

De même faudrait-il réinventer des codes de politesse dans une culture du contact immédiat : contre le tutoiement systématique instauré en règle dans certains médias, vecteur de collusion autant que de familiarité méprisante (Simone Veil, lorsqu'elle était ministre de la Ville et contrairement à son prédécesseur Bernard Tapie, vouvoyait ses interlocuteurs, jeunes de banlieue, ce qui n'avait pas été perçu comme un acte de distance mais de respect). Et aussi contre l'usage venu d'outre-Atlantique d'appeler les inconnus par leur prénom et si possible par leurs diminutifs. Le paradoxe étant à cet égard que l'Amérique, contre le formalisme des manières hérité de la vieille Europe, a recréé à son tour *un formalisme de la spontanéité,* de la cordialité immédiate et débordante qui semble à un étranger le comble de l'hypocrisie (surtout quand ce *niceism,* cette gentillesse conventionnelle, tourne ensuite à l'indifférence). La politesse est une petite politique, un artifice admis pour déjouer l'agressivité, fluidifier les brassages humains, reconnaître à l'autre sa place sans empiéter sur sa liberté. Il est urgent de retrouver une civilité qui sache concilier déférence et souplesse, recréer des règles simples et y inclure, pourquoi pas, la vieille galanterie, le tact, le « principe de délicatesse ». Il est d'autres modes de vie commune que la raideur compassée, la pseudo-connivence ou la muflerie.

Il n'en reste pas moins qu'il existe un vertige du vulgaire, d'un abîme qui nous appelle et nous repousse tout à la fois. Au contraire de la médiocrité qui nivelle et de la sentimentalité qui euphémise, il y a dans la vulgarité la volonté de blesser, de choquer, de faire entendre les puissances du dessous, du sale, de l'ignoble. Il y a bien sûr un usage érotique de la vulgarité qui retourne au profit de la chair la malédiction prononcée contre elle, prend plaisir à humilier le haut par le bas, laisse parler le fantasme sans frein et jouit délicieusement de cette humiliation. Et l'on sait comme est troublante chez certaines personnes la coexistence de la bonne éducation et du déchaînement, de l'angélisme de façade et de la chiennerie de fait comme si la courtoisie, la timidité même laissaient émerger un fond de bestialité chavirante. Il existe de la même façon toute une esthétique du kitsch qui va de Clovis Trouille à Jeff Koons (l'ex-mari de la Cicciolina) en passant par Almodovar et les Deschiens, toute une culture bête et méchante qui use et abuse du mauvais goût pour retourner la niaiserie officielle contre elle-même (ainsi de certains films gore ou pornographiques qui jouent de la nudité, du sang, du corps comme morceau de viande, pour faire sortir le spectateur de ses gonds). Sans oublier le Front de Libération des Nains de Jardin qui rend à la forêt, leur milieu naturel, les petits gnomes de plâtre indûment séquestrés par leurs propriétaires. Après tout, pour lutter contre la sottise bourgeoise, Bouvard et Pécuchet n'avaient rien trouvé de mieux que de la recopier ligne à ligne, par vengeance. Tel est le vertige flaubertien face à la bêtise, cette forme moderne de l'infini : pour démolir l'imbécile heureux, il faut devenir soi-même un imbécile mais malheureux.

Ce surcroît de vulgarité salvatrice, censée nous purifier de la boue sociale, est une matière explosive qui risque de contaminer à son tour ses utilisateurs. Le mauvais goût est un sacerdoce qui n'est pas sans danger ; et de même que les amants peuvent sombrer à tout instant dans une crudité de routine, c'est-à-dire dans le ridicule, la frontière est infime entre la vulgarité subversive et la vulgarité complaisante qui reconduit ce qu'elle était supposée contester. (Et pareillement le second degré sur le cliché, tel qu'il fut pratiqué par Warhol ou le pop art, est souvent une autre façon de l'amplifier donc de l'innocenter.)

Il en est de la vulgarité comme de l'idiotie : pour la déloger, il faut d'abord la reconnaître en soi, en admettre la trouble séduction, ne pas la rejeter sur autrui. Elle marque aussi notre attrait pour le simili, le toc, le tape-à-l'œil, tous ces faux qui se donnent pour le vrai et finissent par corrompre ce dernier (ainsi la multitude des fausses blondes nous fait douter qu'il en existe de vraies mais nous pousse à rechercher la vraie fausse blonde). La seule vulgarité intolérable est celle qui s'ignore elle-même, se déguise sous les oripeaux de l'élégance et du bon ton et stigmatise la grossièreté chez autrui. Car la vie quotidienne est toujours kitsch, toujours liée à un bric-à-brac de rêves risibles, à l'universelle bimbeloterie. *C'est pourquoi le bonheur des uns est toujours le kitsch des autres ;* dès qu'un mode de vie est adopté par les classes moyennes, il est aussitôt déserté par les classes supérieures. Il y aurait donc un bon usage de la vulgarité lorsqu'elle agit comme une hygiène de l'esprit contre l'obscénité du monde, un détergent pour gommer le bavardage lorsqu'elle réinvestit les poncifs pour en tirer de nouvelles sources d'étonnement, d'étrangeté ; mais elle est aussi un piège qui peut tuer. Cette « grandeur négative » de la démocratie est à la fois chance et malédiction : elle garantit la mobilité des formes et des destins mais étend sur toutes choses l'empire de la camelote et de la contrefaçon. La lutte contre elle est sans fin : elle se recrée à mesure qu'on l'affronte, gangrène ceux qui s'en croient prémunis et règne d'autant plus qu'on la méconnaît. Il n'est donc pas de rachat, d'évasion possible dans la haute culture, les beaux-arts, les petits cercles de qualité, le pur esthétisme où se réfugient volontiers à notre époque les passions élitaires. Tout est déjà toujours compromis : nous sommes voués à subir la vulgarité, à la combattre et à l'aimer, à jouer d'elle comme d'une épée qui nous protège et nous tue. Il faut faire barrage contre la merde, disait Flaubert tonnant contre les colifichets du Second Empire. Programme toujours d'actualité. A condition d'admettre que cette « merde » nous attire et que nous y sommes jusqu'au cou.

TOUTE UNE VIE BIEN RATÉE *

« Une vie réussie, disait Vigny, est un rêve d'adolescent réalisé à l'âge mûr. » Les Grecs la voyaient plutôt comme une vie réfléchie, vouée à l'exercice de la pensée, une vie qui s'épanouit à travers des fins plus vastes et peut s'offrir en exemple à tous. Pour notre part nous dirions qu'une vie réussie est une vie dont la richesse va de soi, qui s'impose dans l'évidence de son accomplissement et dont on ne voudrait changer pour aucune autre – si modeste soit-elle –, parce qu'elle nous appartient en propre.

Mais de ce que tous les destins ne se valent pas, faut-il en déduire que certains ne valent rien, bannir ceux qui ne répondent pas à nos critères ? Car les bilans sont sinistres même les positifs qui commandent de prendre sur soi le point de vue de la mort : c'est elle qui soldera les comptes et fera de nous la proie du jugement d'autrui. « Un homme ne peut être dit heureux qu'aux tout derniers instants de sa vie », disait Solon. Mais tant que nous respirons il est injuste de nous soumettre à l'alternative de la victoire et de la défaite. Comme Christophe Colomb a manqué les Indes pour découvrir l'Amérique, nous ne cessons de « rater » notre vie en achevant autre chose, une aventure singulière qui n'est jamais figée jusqu'à l'ultime minute.

C'est parce que toute vie est une cause perdue qu'elle peut être à la fois bonne et noble dans un alliage indissoluble de gloire et de déchéance. N'étant pas nécessaire, elle n'a nul besoin de réussir ou d'échouer, elle peut se contenter d'être agréable. Dans certaines faillites mondaines réside une grandeur, une bonté inavouée alors que d'admirables carrières

---

* Pierre Autin-Grenier, *Toute une vie bien ratée*, Folio, Gallimard, 1997.

charrient avec elles sécheresse et désolation. Nos certitudes enla matière sont négatives : je ne sais pas ce qu'est une bonne vie, je sais ce qu'est la mauvaise, celle dont je ne veux à aucun prix. Ne me dites pas ce que doit être une existence réussie, racontez-moi la vôtre, racontez-moi la transfiguration de vos échecs en une entreprise qui fasse sens pour tous. Si l'on ne peut s'empêcher de poser la question, il faut s'empêcher d'y répondre de peur de fermer l'éventail, de stériliser les possibles.

On connaît de ces gens accablés d'honneurs et de médailles et qui ressentent ces décorations comme une mise au tombeau anticipée ; ils sont catalogués pour toujours. Gardons-nous de conclure, laissons à chacun la possibilité de tomber, de se relever, de s'égarer sans l'incarcérer dans un jugement. Il y a une vérité dans la théorie de la réincarnation : c'est bien ici-bas que nous pouvons connaître plusieurs existences, renaître, recommencer, bifurquer. L'essentiel est de pouvoir dire : j'ai vécu, et non pas : j'ai végété. Nous ne sommes jamais ni sauvés ni damnés ; et nous mourrons tous « quelque part dans l'inachevé » (Rainer Maria Rilke).

Chapitre IX

SI L'ARGENT NE FAIT PAS LE BONHEUR, RENDEZ-LE ! *

LES RICHES SONT-ILS LE MODÈLE DU BONHEUR ?

Dans un passage saisissant de la *Recherche*, Proust décrit la salle à manger du Grand Hôtel de Balbec « comme un immense et merveilleux aquarium devant la paroi de verre duquel la population ouvrière de Balbec, les pêcheurs et aussi les familles de petits-bourgeois, invisibles dans l'ombre, s'écrasaient au vitrage pour apercevoir, lentement balancée dans des remous d'or, la vie luxueuse de ces gens, aussi extraordinaire pour les pauvres que celle de poissons ou de mollusques étranges (une grande question sociale, de savoir si la paroi de verre protégera toujours le festin des bêtes merveilleuses et si les gens obscurs qui regardent avidement dans la nuit ne viendront pas les cueillir dans leur aquarium et les manger) [1] ».

---

* Jules Renard.

1. Marcel Proust, *A l'ombre des jeunes filles en fleurs*, Pléiade, Gallimard, tome I, pp. 680-681.

Qui n'a vécu de telles scènes dans certaines stations balnéaires d'Europe où l'on voit les vacanciers s'agglutiner autour des yachts et dévorer des yeux les milliardaires en short qui prennent un drink avec une merveilleuse décontraction. C'est que la richesse est d'abord un spectacle qui s'étale, réjouit les yeux, creuse les appétits, aiguise la rancune. Comme si les riches avaient besoin aussi d'être reconnus par ceux qui n'ont rien et devaient tout rafler, même les apparences du plébiscite.

Longtemps les castes supérieures de nos sociétés ont incarné l'alliance du savoir-vivre, de la beauté et des manières ; elles n'étaient pas seulement affranchies du besoin, elles portaient l'espèce humaine à un degré de raffinement et d'extravagance jamais imaginés. Parallèlement à cette image un autre cliché s'est imposé : celui du malheur des Grands. Les riches s'ennuieraient : forcés à l'inaction, ils seraient livrés au vide et ne sauraient comment tuer un temps qu'ils passent dans la recherche inquiète de nouvelles voluptés. Expiant par le dégoût une scandaleuse fortune, ils seraient à la fois malheureux et coupables : malheureux de leur désœuvrement, coupables de vivre en parasites sur une population qui travaille et souffre. L'oisiveté qui devrait être leur fierté – seuls les roturiers sont voués à la punition du labeur – deviendrait leur malédiction. Ces « rois sans divertissement » mourraient doucement d'inanité dans les ors et les fastes. Cliché commode, avouons-le : il permet aux démunis de supporter leur condition, celle de leurs maîtres étant infiniment plus pénible. Inutile de les envier ou de les renverser : ils sont déjà en enfer !

Notre époque a mis un terme à cette double fable. D'une part les riches ne sont pas malheureux – s'ils le sont ce n'est pas lié à leur compte bancaire – et encore moins repentants. A-t-on jamais vu un millionnaire demander pardon à genoux au Journal de 20 heures ? D'autre part l'ennui, ignorant les barrières de classe, s'est largement étendu de nos jours à l'univers du travail et le fait d'être actif ne prémunit pas, au contraire, du bâillement. A ce titre l'une des perversions du chômage est peut-être d'avoir rendu au labeur, même le plus crétinisant, une aura qu'il avait perdue dans les années de prospérité. Obsédées par le plein emploi nos sociétés veulent occuper les gens à tout prix et célèbrent l'esclavage salarial sans s'interroger sur la qualité de cette occupation. Au point que le surtravail est devenu un signe ostentatoire de puissance ; et tandis que les classes laborieuses aspirent à l'oisiveté, les classes dites oisives deviennent laborieuses, affichent des semaines de 60 à 80 heures et brandissent le surmenage comme indice de leur supériorité.

Lorsqu'il était réparti entre très peu de mains, l'argent semblait incarner toutes les merveilles du monde. L'extension du confort et du bien-être à une majorité a supplanté à la fois la misère et la grande fortune. La possibilité ouverte à chacun de s'enrichir ou du moins de connaître l'aisance a tout à la fois accéléré l'envie et banalisé un univers qui semblait jadis si prodigieux. Le riche est un pauvre qui a réussi surtout quand on voit tant de jeunes gens devenir, grâce aux nouvelles

technologies, millionnaires à trente ans[1]. Nous conti-
nuons a épier la vie des puissants ; nous doutons désormais que la félicité ait élu résidence exclusivement
chez eux. Nous pouvons admirer leur ténacité, leur
audace à entreprendre, l'idée de génie qui les a pro-
pulsés de l'obscurité à la lumière, leur appétit de
conquêtes, leur sens de l'opportunité. Mais ce n'est pas
chez eux que nous puisons la substance de nos aspira-
tions. Qui par exemple rêve sur le patronat français ou
américain, sur tel dirigeant d'entreprise dont l'existence semble aussi gaie que celle d'un rond-de-cuir ?
Ces vies ordonnées, rangées, conjugales et familiales à
souhait n'ont rien à envier à celle de n'importe quel
employé : ils sont moins des seigneurs qui flambent
que des petits-bourgeois dotés de gros moyens, en
d'autres termes, des *requins pépères*.

Il est une autre raison pour laquelle le « festin des
bêtes merveilleuses » évoqué par Proust ne nous fait
plus saliver : c'est qu'on devient riche pour rester entre
soi, entrer dans un club restreint où l'on s'affronte a
coups de symbole, de trophées. Le premier geste des
opulents n'est-il pas de s'entourer de serviteurs multiples, d'interposer entre le monde et eux une nuée
d'intermédiaires ? Double principe de visibilité et de

---

1. C'est le phénomène des *million dollar babies*. La Grande-Bre-
tagne comptait 7 000 millionnaires au début des années 90, elle en
comptera 14 000 d'ici au prochain millénaire (*Courrier international*,
octobre 1999). Il naîtrait chaque jour, selon un auteur américain,
64 nouveaux millionnaires dans la Silicon Valley (David A. Kaplan,
Silicon Boys and their valley of Dreams, William Morrow Company, New
York, 1999). En France, selon *Le Nouvel Economiste*, 33 nouveaux
multimillionnaires seraient apparus en 1999.

ségrégation. Tenus de par leur position à des codes et à une rigueur morale, ils entretiennent avec les traditions un rapport de fidélité qui s'est distendu ailleurs. Toute accession au sommet de la pyramide, si l'on excepte quelques excentriques, engendre le plus souvent discipline et conformisme : le gotha est voué au ghetto[1]. Sans compter la peur de n'être aimé que pour son compte en banque et devenir la proie des *gold-diggers*, des chercheurs d'or, hommes ou femmes spécialisés dans la chasse aux milliardaires qu'ils épousent pour mieux les essorer ensuite par un divorce retentissant. C'est pourquoi les lieux de résidence des nababs, si flamboyants soient-ils, ressemblent à des enfers dorés surtout quand ceux-ci doivent, comme en Amérique latine, vivre barricadés dans leurs forteresses par crainte des agressions ou des enlèvements. Il leur manquera toujours cette porosité, cette ouverture qui caractérisent les espaces de création et de plaisir. Ce que les riches ressentent comme un impératif, se calfeutrer dans leurs quartiers résidentiels, ne pas frayer avec le tout-venant, fermer la porte à l'inattendu, nous semble le comble du fastidieux. *Le monde du capital est triste* parce qu'il n'est pas le monde des échanges mais celui de la fermeture et de l'autisme. Comme si l'argent, telle une divinité insatiable, ne devait circuler jour et nuit que pour mieux figer et pétrifier ceux qui le possèdent.

---

1. Selon l'analyse pertinente faite par Michel et Monique Pinçon-Charlot sur la bourgeoisie traditionnelle de l'Ouest parisien *Dans les beaux quartiers*, Seuil, 1989.

S'il est aujourd'hui des milieux désirables, il faut les chercher peut-être dans les marges, dans ces minorités contagieuses, jadis mises au ban, et qui, de par leur culture, leur musique, donnent le ton à la majorité. Il y a un bovarysme des classes moyennes qui les pousse à rechercher ailleurs, aux franges de la légalité parfois, ce frisson qu'elles ne trouvent plus dans leur propre miroir. La force du marginal, c'est son exotisme qui fait de lui un être à la fois dangereux et attirant : par sa manière de transgresser les règles, il échappe à l'uniformité ambiante. En règle générale une société est d'autant plus dynamique qu'elle invente des styles de vie qui échappent à l'attraction des plus fortunés. Et les grandes périodes d'émancipation du XXᵉ siècle en France ont été des moments où le bonheur officiel, c'est-à-dire le conformisme en cours, a été dévalorisé au profit d'autres formules du vivre ensemble.

LE PRÉFÉRABLE ET LE DÉTESTABLE

Sans vouloir entrer dans un débat qui n'a pas sa place ici, disons que l'argent fait partie de ces «immoralités nécessaires» à une société à condition que son règne soit endigué et contrôlé. Car il tue toutes les hiérarchies liées à la naissance, au statut social sauf une, indépassable : la hiérarchie de l'argent. Méfions-nous d'abord de quiconque claironne son mépris à l'égard du veau d'or : soyez assuré qu'il le chérit dans son cœur ou ne rêve que d'en priver les autres. L'argent, c'est

FITZGERALD OU LE SALUT PAR LES RICHES

Le jazz, le gin, Hollywood, la Côte d'Azur, les surprises-parties, la beauté, l'esprit, la jeunesse ; et puis l'alcoolisme, la folie, la misère, l'échec, la clochardisation, les maladies nerveuses. Toute l'œuvre de Francis Scott Fitzgerald oscille entre ces deux extrêmes selon une pente qui fascine par son côté inexorable. C'est que son drame est inscrit dès le départ dans une croyance aussi folle qu'implacable : les riches sont élus par Dieu et forment au sein de l'humanité une caste de lumière que nul ne côtoie sans danger. Chez Fitzgerald la déchéance est contemporaine du rêve de gloire : le bonheur est un trésor gardé par une lourde porte que tous veulent entrouvrir. Mais nul n'y parvient s'il n'est bien né ; et la chute est d'autant plus radicale que les intrus ont cru s'infiltrer dans la citadelle. Même l'amour, surtout l'amour, constitue l'illusion par excellence de ceux qui veulent transgresser l'ordre rigoureux des classes. En quoi la beauté féminine est une promesse ambiguë. L'héritière ravissante, celle qui vous fera passer, si on la séduit, du Royaume des Ténèbres au Paradis est aussi la première à chasser le soupirant d'extraction modeste et à le renvoyer à ses origines. La belle femme à la voix *full of money*, celle dont il écrit : « Ses manières révélaient avec une assurance accrue que les belles choses de ce monde lui appartenaient en vertu d'un droit naturel et inaliénable », est le paradigme d'un univers qui ne tolère aucune mésalliance, où tous les Gatsby du monde sont remerciés après avoir diverti la galerie. La conclusion est sans appel : « Les garçons pauvres ne doivent pas songer à épouser des filles riches » ; lorsqu'on sort « les gens de leur milieu, cela leur tourne la tête quel que soit le bluff dont ils font montre ».

Parce que l'argent pour Fitzgerald est un talisman divin et les barrières sociales autant de barrières métaphysiques, le pauvre, coupable du seul fait de l'être, doit être puni de sa témérité, d'avoir même osé s'élever. Le désastre annoncé est fracassant et s'accompagne d'une dégringolade sous les ricanements des fortunés. La tragédie de Fitzgerald, sa «fêlure», réside tout entière dans la croyance têtue, puérile en l'argent comme signe d'élection, dans cette vision romanesque à la Calvin qui départage les prédestinés des perdants. La misère est punition et le bref bonheur des pauvres une usurpation puisque seuls les riches ont un droit de propriété exclusif sur la jouissance et la volupté. En quoi le malentendu amoureux chez Fitzgerald n'est pas lié à une logique passionnelle ou sentimentale mais socio-économique. Et l'éconduit, tout à sa disgrâce, n'a d'autre choix face aux millionnaires et à leurs montagnes de diamants que de diluer sa honte dans l'alcool.

Toute l'œuvre de Fitzgerald est une allégorie magnifique de l'*American Way of Life*, de son culte frénétique du billet vert, celle des années 20 et de la Grande Dépression. Mais les épigones modernes de Fitzgerald, fascinés tout comme lui par la puissance des riches, nous prouvent que cette mentalité est toujours vivace. Si outre-Atlantique, les classes moyennes, comme le redoutent certains, en venaient à être laminées, laissant face à face une masse de nantis et de déshérités, alors l'Amérique du XXIᵉ siècle et peut-être l'Europe pourraient ressembler à l'univers romanesque de Fitzgerald : un monde imprégné de la théologie glaciale du dollar, le sceau divin qui départage les élus des réprouvés.

son avantage, reste un moyen de préserver la liberté individuelle, de «désinfecter les rapports sociaux de toute adhérence affective» (Philippe Simonnot), d'accéder à une certaine autonomie. Il a permis et permet encore à des peuples persécutés de survivre dans la dispersion, l'exil, d'être la patrie portative de ceux qui n'ont pas de patrie. Enfin comme l'écrivait Spengler

« une civilisation hautement évoluée est inséparable du luxe et de la fortune » et ce fut le rôle magnifique des grands mécènes, des Médicis aux Rothschild, aux Camondo, aux Pereire, que de transformer le vil métal en œuvres d'art, c'est-à-dire en une forme de beauté et de générosité. Rien de plus laid, de plus tordu que l'éloge de la pauvreté mené par certains doctrinaires chrétiens comme si elle était par elle-même dotée d'une vertu supérieure. La pauvreté subie est haïssable qui cumule privations et humiliations, renforce la gêne par la honte. Dans toutes les circonstances, l'argent est à classer parmi les « préférables » (Sénèque) dont il est permis de disposer si le destin vous met en situation d'en avoir.

N'en déplaise à ses détracteurs, son indécence ne réside pas dans son existence mais dans sa rareté, dans sa confiscation insolente par une poignée ; l'argent c'est ce dont presque tout le monde manque et son problème principal réside dans son inégale répartition. (Un pressentiment désagréable nous avertit que la pauvreté dans les pays développés ne sera peut-être jamais vaincue tout simplement parce que les riches n'ont plus besoin des pauvres pour s'enrichir. Au rapport de subordination qui faisait du travail de l'ouvrier la condition de la fortune du patron a succédé un rapport d'innovation et de prospection dans les territoires lucratifs de « la nouvelle économie ». Au malheur d'être exploité a succédé le malheur pire encore de n'être plus exploitable.) Il faut donc en revenir aux Anciens et admettre avec Aristote que la beauté, la richesse, la santé sont aussi des accessoires utiles à la bonne vie même s'ils ne se confondent pas avec elle. « Personne n'a condamné la sagesse à la pauvreté, disait encore Sénèque. (…) Tout en n'ayant que mépris pour tout l'empire de la fortune, si j'ai le choix, j'en prendrai ce qu'elle peut m'offrir de meilleur. » Même si le vil métal est la putain universelle qui transforme tout en marchandise, y compris la personne humaine, même s'il faut rappeler sans cesse l'existence de valeurs, de sentiments qui ne s'achètent pas, « l'utopie d'un monde sans argent fait partie de ces idéaux dont le monde a réellement besoin mais dont il serait dangereux de faire la base et le principe de l'ordre social » (Leszek Kolakowski). Faut-il préciser que les plus grands massacres de la fin du XXᵉ siècle, Algérie, Rwanda, Timor, Bosnie, Kosovo, Tchétchénie, sont moins liés à des questions financières ou économiques qu'aux fanatismes religieux, raciaux, identitaires, impériaux ?

UNE VIRTUALITÉ SANS LIMITES

Cela posé, il faut avouer un inconfort fondamental : impossible de mépriser l'argent, impossible de le vénérer. Il a ceci de commun avec le bonheur qu'ils sont deux abstractions et représentent potentiellement la totalité des jouissances possibles. Avec lui je possède les choses virtuellement sans qu'elles m'encombrent de leur matérialité. A quoi il faut ajouter le bonheur de gagner de l'argent, souvent supérieur à celui de pouvoir en disposer et qui est le bonheur du court-circuit :

amasser un beau magot en brûlant les étapes. Gagner sa vie est un fardeau, s'enrichir vite un jeu assez proche de la furie érotique. Mais c'est l'écueil de l'argent que de s'offrir comme un mode de vie en soi, un substitut à toutes les béatitudes. Lorsqu'il se trouve élevé au rang d'idole, de fin absolue, il devient tellement désirable qu'il rend le reste indésirable. Sa force et sa tragédie, c'est l'élimination des obstacles : il les pulvérise, rend tous les buts accessibles sans délai mais cette omnipotence débouche sur l'indifférence. A vouloir trop étreindre on ne saisit que du vent, on entre dans une frustration paradoxale où l'on s'interdit de jouir de quoi que ce soit.

L'on connaît ces figures cocasses du nanti qui n'a plus le temps de dépenser ce qu'il accumule, du prospère qui possède tant de richesses qu'il est rassasié du monde et connaît au sein de l'abondance une disette de plaisir. Il se souhaiterait presque quelque revers pour repartir de zéro, recommencer la palpitante odyssée de l'ascension sociale. Ces gens, comme on dit, qui ont tout pour être heureux et ne le sont pas : comme ils ont tout, ils n'ont plus rien, leur désir s'éparpille au lieu de se fixer, toujours attiré, toujours déçu par un autre mirage. N'ayant plus la possibilité de réussir, leur reste celle d'échouer, de sombrer dans l'abîme, telles ces grandes dynasties tellement favorisées qu'elles attirent sur elles malheurs et cataclysmes. L'argent illustre à merveille le paradoxe suivant : *tous les procédés mis en œuvre pour réaliser le bonheur peuvent aussi le faire fuir.* De là que le goût du lucre jusqu'au délire soit devenu, en Amérique du moins, une passion collective : « La plus laborieuse des époques, la nôtre, ne sait que faire de son labeur, de son argent si ce n'est toujours plus d'argent et de labeur » (Nietzsche).

Une ligne très fine, imperceptible sépare dans nos sociétés l'argent comme fin et comme moyen ; et c'est tout le travail du consumérisme et de la publicité que de brouiller cette ligne en permanence. On entre alors, du moins pour les plus cossus, dans la sphère de la « consommation ostentatoire » du nom que le sociologue américain Thorstein Veblen avait donné avant la Première Guerre mondiale aux mœurs de la haute bourgeoisie, celle des Rockefeller, des Vanderbilt. Manoirs, yachts, belles voitures, grands appartements : on est voué à rivaliser avec d'autres personnes de son rang pour les éblouir ou du moins les égaler, c'est-à-dire à subir les morsures de l'envie envers quiconque réussit mieux et à dédaigner ceux dont le niveau de vie peine à rattraper le vôtre. Quand un chef d'entreprise empoche un pactole mille à deux mille fois supérieur au salaire de ses employés, il n'affiche pas sa compétence, ses mérites mais une pure volonté de puissance réfractée dans sa « rémunération ». Sa joie vient alors de rafler ce dont les autres sont privés et d'épater ses pairs. Le malheur de ces joutes, c'est qu'on trouve toujours plus opulent que soi, toujours un magnat dont l'éclat vous offusque, qui vous devance dans le classement de *Forbes* ou de *Fortune* et dont le volume pécuniaire vous fait mordre la poussière. La frustration croît en même temps que son compte en banque et on se réjouit moins de ses gains que de voir ceux des autres gonfler plus vite. Car en la matière il faut distinguer les riches des super-riches et des ultra-riches, ce ne sont pas les mêmes catégories. D'où l'affreuse sécheresse des hommes d'argent, quand ils ne le mettent pas au service d'une cause, d'une idée ou de l'art et qu'ils donnent le sentiment d'avoir raté toutes les fins de la vie.

UNE NOUVELLE MORALE DE LA FRUGALITÉ ?

En définitive, il est de rares moments dans la vie où l'argent est rendu à sa fluidité de pur médium, où l'on dispose d'assez de liquidités pour dépenser sans calculer, sans se soucier du lendemain. *Il accompagne la joie de vivre quand on l'oublie, qu'il disparaît comme tel* et n'interdit ni la possession raisonnée ni le libre vagabondage de l'esprit. Ne pas dépendre de l'argent, c'est savoir qu'on ne vivrait pas autrement si on en avait beaucoup plus. Mais la plupart du temps, tout le monde compte, y compris les nababs (l'avarice des riches, la peur de manquer au sein du superflu est un symptôme étonnant : tel Paul Getty, milliardaire californien du pétrole qui avait installé à Londres dans sa maison un téléphone payant pour ses hôtes et ne quittait jamais une réunion le premier pour ne pas avoir à payer le taxi). La plupart du temps, pour la plupart des gens, l'argent est comparable à la drogue : censé nous affranchir de tous les soucis, il devient le souci obsessionnel, une finalité en soi. Il nous persécute par son absence, nous encombre de sa présence, nous interdit d'entretenir avec lui une juste relation. L'appétit qu'il suscite s'impose avec une telle intransigeance qu'il rend le plaisir difficile voire impossible. C'est ce que William Burroughs disait avoir appris à l'école de la morphine : un désir insatiable rend la volupté inaccessible. L'argent devient une passion triste quand il supplante toutes les autres et vire à la rumination. Et la folie qu'il suscite, on le voit dans certaines formes de spéculation, est liée au romantisme des grands nombres : dans un univers où tout se calcule au centime près, la jouissance devient alors de défier le calcul par l'énormité des flux mis en jeu. Vient un moment où la computation effrénée tourne à la gratuité, à l'inutilité absolue. On a quitté la soif du profit, on danse au-dessus des gouffres, on se grise de la poésie des chiffres et la Bourse elle-même se transforme en un temple de l'exubérance mathématique. Comme le Web, l'argent est une galaxie en expansion constante dont on ne finit jamais de découvrir de nouvelles planètes, un décalque du cosmos.

Autrement dit, si nul ne peut se vanter d'être à l'aise avec l'argent, c'est qu'*il n'est pas sûr* et travaille à notre agrément aussi bien que contre lui. Il ne faut donc le réhabiliter – surtout dans un pays comme la France où l'hypocrisie à cet égard et la haine de la réussite professionnelle continuent à régner – que pour mieux se garder des traquenards qu'il nous tend. Outre-Atlantique, par exemple, dans un contexte d'accroissement des richesses et des inégalités[1] fleurissent de nouvelles

---

1. D'après une étude américaine, les écarts de revenus n'auraient cessé de se creuser aux Etats-Unis depuis vingt ans. Au sommet un

morales de la frugalité qui récusent l'institution du crédit, la loyauté professionnelle, l'obsession· de l'héritage au nom d'une gestion raisonnable de ses besoins[1]. Simple effet médiatique, contrition provisoire avant de repartir de plus belle vers de nouvelles orgies d'acquisitions et de consommation? Peut-être. Mais il est symptomatique que naisse au cœur du système financier un doute quant à son bien-fondé et un plaidoyer pour une existence plus épanouie, moins asservie à la logique des objets, à la convoitise artificielle. La vraie question est la suivante : quel prix sommes-nous prêts à payer pour avoir de l'argent, quelle place souhaitons-nous lui consentir? Si nous ne voulons pas, comme le disaient les Anciens, être possédés par ce que nous possédons, il est préférable de

---

Américain sur dix aurait vu ses revenus exploser de 115 % depuis 1977 et au bas de l'échelle un sur dix diminuer sur la même période. Les classes moyennes n'auraient vu leur capital augmenter que de 8 % (*International Herald Tribune*, 6 septembre 1999). La disparition de ces mêmes classes, peu à peu prolétarisées, signerait à coup sûr la fin du régime démocratique dont elles forment l'assise et la victoire d'un capitalisme débridé, dépourvu de tout contrepoids.

1. Ainsi du livre provocant de Stephen Pollan et Michael Levine, *Die Broke*, Harper Business, 1997. L'auteur, analyste financier, énonce ainsi les commandements d'une bonne gestion au XXIᵉ siècle : déchirez vos cartes de crédit et payez comptant, démissionnez mentalement de votre emploi dès que vous le commencez; ne partez jamais à la retraite et surtout mourez fauchés, distribuez vos biens à vos enfants tant qu'ils sont jeunes et en ont besoin. Et faites un chèque en bois aux Pompes funèbres pour votre enterrement... Emanant d'un gourou de l'investissement, un tel ouvrage marque bien le désenchantement d'une partie de la classe moyenne américaine face à la politique de dégraissage systématique des entreprises et entend traduire dans les faits une sorte de désertion interne vis-à-vis des postulats du système.

limiter ses dépenses si cela permet de satisfaire ses passions, d'augmenter la part de vraie vie amoureuse et spirituelle plutôt que de s'endetter sans fin.

Mais il faut surtout rétablir des hiérarchies et aux espèces sonnantes et trébuchantes opposer d'autres sources de richesses culturelles, esthétiques, spirituelles. Même le désir de gloire et de grandeur, même la vanité sont parfois préférables à l'appât du gain, aux médiocres contraintes qu'il suppose. Et la force des grands bouleversements du siècle passé en France, y compris 1936 et 1945, fut de ne pas seulement redistribuer le gâteau social mais de créer de nouvelles opulences pour le plus grand nombre : le temps libre, la poésie, l'amour, la libération du désir, le sens de la transfiguration quotidienne. Ne pas se contenter de gérer la pénurie mais découvrir partout des biens non comptables qui échappent à la règle du profit, prolonger le vieux rêve révolutionnaire du luxe pour tous, de la beauté offerte aux plus humbles. Le luxe aujourd'hui réside dans tout ce qui se fait rare : la communion avec la nature, le silence, la méditation, la lenteur retrouvée, le plaisir de vivre à contretemps, l'oisiveté studieuse, la jouissance des œuvres majeures de l'esprit, autant de privilèges qui ne s'achètent pas parce qu'ils sont littéralement hors de prix. Alors à une pauvreté subie on peut opposer un appauvrissement choisi (ou plutôt une autorestriction volontaire) qui n'est nullement l'option de l'indigence mais la redéfinition de ses priorités personnelles. Se dépouiller peut-être, préférer sa liberté au confort, à un statut social arbitraire mais pour une vie plus vaste, pour retourner à l'essentiel au lieu d'accumuler argent et objets comme un barrage dérisoire contre l'angoisse et la mort. Le vrai luxe en définitive, «mais tout ce qui est précieux est aussi difficile que rare» (Spinoza), c'est l'invention de sa propre vie, c'est la maîtrise de sa destinée.

LA CHUTE DES ÉTOILES

Pourquoi scrutons-nous avec une curiosité malsaine les liaisons, les ruptures, les deuils de ceux qu'on appelle les stars ? C'est que ces êtres hors du commun à qui il suffit d'apparaître pour être et que l'on reconnaît même si on ne les connaît pas, ces êtres qu'aucun tabou, aucun excès ne retient ne sont vénérés que pour être ensuite ramenés au niveau commun. Condensant sur eux la plus vaste quantité de désir social, ils devraient avoir pour fonction de nous soustraire à l'empire de la monotonie ; mais ils ne le perturbent que pour mieux le confirmer. Et la presse du cœur n'existe peut-être que pour rassurer ses lecteurs, les certifier dans l'idée que princes, vedettes du cinéma et du show-biz sont les incarnations ambivalentes du bonheur, d'un idéal qu'ils peinent à réaliser. De là notre délectation amère de les voir frappés des mêmes maux que nous.

Ces *happy few* censés sublimer notre destin, nous arracher à nos soucis ridicules, à nos malheurs insignifiants nous prouvent qu'aucune caste ou classe supérieure ne connaît la béatitude, seul apanage des dieux, disait déjà Aristote, alors que « les hommes sont heureux autant qu'un mortel peut l'être ». Et qu'enfin une secrétaire peut avoir la vie tumultueuse et agitée d'une princesse et une princesse mener l'existence rangée et popote d'une ménagère. C'est cela le processus démocratique : les orgies et les excès sardanapalesques des anciens monarques sont désormais accessibles au tout-venant. A travers les indiscrétions des médias, nous vérifions avec soulagement et tristesse que ces gens-là ne sont pas d'une autre essence que nous : en quoi ces mêmes médias constituent aussi des *machines à freiner l'envie* et remplissent derrière leur futilité un rôle essentiel. Dans son panthéon clinquant, la star échappe peut-être à l'anonymat mais elle succombe tout comme nous au désarroi, à la solitude, à l'âge (la disparition progressive de la beauté chez les actrices somptueuses est une figure de rhétorique obligée dans une certaine presse qui la consigne avec un sadisme navré). Nous élisons les stars comme les hommes politiques et les gommons avec la même indifférence, la même versatilité. Notre appétit de ragots, de détails n'a pas sa source, comme on l'a dit, dans l'aliénation ou la dépossession. Le culte de la célébrité puise directement et contradictoirement dans les progrès de l'égalisation démocratique.

QUATRIÈME PARTIE

Le malheur hors la loi ?

Chapitre X

LE CRIME DE SOUFFRIR

> « Aidez-moi à supprimer la douleur qui
> me fait souffrir mais laissez-la-moi pour que
> je puisse exister. »
>
> Une patiente à son thérapeute
> *Revue française de psychosomatique*, n° 15

Dans un roman paru en 1872, Samuel Butler imagine une contrée, Erhewon (anagramme anglais de
nowhere), le pays de nulle part où la maladie est punie
comme un crime, le moindre rhume peut vous valoir
le bagne, alors que le meurtre est considéré comme
une maladie qui mérite sollicitude et soins. Avec un
sens aigu de la prémonition, Samuel Butler va jusqu'à
préciser que le deuil et la détresse, par exemple la
perte d'un être cher, sont punis comme un délit grave,
l'affligé n'étant rien d'autre qu'un délinquant coupable de son chagrin. A un homme accusé de phtisie
pulmonaire, le juge explique la sentence qu'il pro-
nonce en ces termes : «Vous me direz peut-être que

vous n'êtes responsable ni de votre naissance ni de votre éducation. Mais je vous répondrai que votre phtisie, qu'elle vienne ou non de votre faute, est une faute en vous et qu'il est de mon devoir de veiller à ce que la république soit protégée contre des fautes de cette nature. Vous pourrez dire que c'est par infortune que vous êtes criminel ; moi je vous réplique que votre crime c'est d'être infortuné. »

Superbe et ironique intuition que la seconde moitié du xxe siècle a confirmée puisqu'elle a effectué, plus que toute autre période, un gigantesque pas en avant dans la négation du malheur et « l'interdit de la mort » (Philippe Ariès). Comme si toute l'époque avait voulu donner raison au philosophe Alain, inlassable chantre de l'optimisme IIIe République qui, dans ses *Propos sur le bonheur* (1911-1923) déjà cités, dénie toute réalité aux souffrances extrêmes. Comme pour Epicure, elles n'existent pas, elles sont impalpables, « l'horreur est soporifique » et la mort quand elle frappe est instantanée, ne laisse aucune place à l'imagination, à la peur. Dans cet escamotage, il va jusqu'à soutenir sans ironie qu'un homme qui va à la guillotine « n'est pas plus à plaindre que moi » ; il lui suffit de penser à autre chose, de « compter les cahots ou les tournants ». Quant à Pascal, son frisson devant les étoiles et l'infini « venait sans doute ce ce qu'il prenait froid à sa fenêtre sans s'en apercevoir » *(sic)*.

LA PROPAGATION DU DÉCHET

Depuis que nos sociétés, à partir des Lumières, se sont fixé pour tâche d'instaurer le bonheur sur terre, nous évoluons dans l'espace du catalogue, nous comptabilisons sans fin la liste des malheurs à éradiquer. Mais les souffrances, telle l'hydre du mythe, ne cessent de repousser et de se multiplier à mesure que nous les traquons, leur liste s'allonge chaque jour de façon maligne, reportant dans le lointain la félicité promise. Longtemps le mouvement révolutionnaire s'est plu à qualifier de futiles les soucis liés à l'angoisse de la mort et de la solitude et ne montrait que dédain pour les doctrines qui osaient en faire état. Seuls comptaient le renversement des structures socio-économiques et la prise du pouvoir par les exploités. Une fois le capitalisme renversé et avec lui la source de toutes les iniquités, un nouveau monde s'instaurerait au service de l'homme d'où la douleur se retirerait peu à peu comme l'eau d'une plage à marée basse. Ce beau calcul, on le sait, a été déjoué : non seulement le socialisme réel a multiplié les infortunes partout où il s'est imposé mais il a laissé en plan tous les problèmes inhérents à la condition humaine, ceux qu'il qualifiait de « petits-bourgeois ».

Pourtant face au même sujet, les démocraties libérales bien que plus prudentes n'ont pas une attitude moins ambiguë. Si elles préfèrent le temps long des réformes au temps précipité des révolutions, elles ont gardé l'espoir d'une conjugaison magique de la science, de la technique et des progrès matériels pour réussir là où les totalitarismes avaient échoué. Et la deuxième moitié du XXᵉ siècle en Europe manifesta un emballement fiévreux, un optimisme démesuré où la simple évocation du malheur relevait de l'archaïsme, voire de l'obscénité. Contre lui notre temps avait lancé la pire des conspirations : celle du silence. L'Antiquité vivait sur l'espoir d'une réfutation de la souffrance [1], le christianisme sur son exaltation, nous vivons sur sa dénégation, nous la fuyons comme un fléau, ne voulant même pas considérer qu'elle puisse être réelle.

Deuil, douleur, maladies sont donc devenus le grand impensé de l'idéologie laïque moderne et ont acquis le statut peu enviable de résidus dans une société en marche vers l'avenir : événements hors jeu, interdits de parole et de paraître et dont chacun doit s'arranger à sa façon. Or ce n'est pas la souffrance qui s'est évanouie mais son expression publique qui est interdite (hormis, répétons-le, dans la littérature). Il faut simuler dynamisme et bonne humeur dans l'espoir que l'affliction mise sous le boisseau finira par se dissiper d'elle-même. Face à elle, *les mots nous manquent*

---

1. Socrate : «Pour l'homme de bien, il n'y a aucun mal ni pendant sa vie, ni une fois qu'il est mort.» Epicure : «La mort n'existe pas pour nous.» Epicure toujours : «Le sage sourit sous la torture». Zénon : «Il n'y a pas d'autre mal que le vice et la honte.» Epictète : «Il n'y a pas de place pour le mal dans l'ordre universel.» Epictète encore : «Ne demande pas que ce qui arrive arrive comme tu le veux. Mais veuille que les choses arrivent comme elles arrivent et tu seras heureux.» Dans les *Tusculanes*, Cicéron raille ces arguties lexicales et réaffirme la réalité de la douleur. Se forger un sanctuaire inviolable, hors d'atteinte des tribulations du monde, telle fut l'ambition d'un certain nombre de philosophes anciens et de sages orientaux.

surtout quand nous croyons disposer pour la justifier du dogme de l'explication parfaite (par la logique du marché, par la misère sexuelle, par la pauvreté, etc.) qui couvrirait le champ complet de la douleur humaine. Nous l'avons bannie du vocabulaire comme nous écartons les malheureux, les blessés, les agonisants qui font violence à nos préjugés, « cassent l'ambiance ». Pour nous qui avons élevé la jeunesse, la santé, le *fun* au rang d'idoles métaphysiques, leur proximité nous révulse, leur simple vue nous démolit. On le sait depuis Tolstoï, la souffrance est une saleté et la mort une contrariété nauséabonde ; le XIXᵉ siècle la récusait au nom de la décence[1], le XXᵉ l'a refoulée au nom de la jouissance. Mais que ce soit au nom des bonnes manières ou de l'idéal hédoniste, elle reste l'inconvenance suprême.

Terrible cécité du bonheur qui ne voit partout que ses reflets et veut devenir l'unique récit qui vaille. Mais de même que les déchets dans l'univers consumériste finissent par envahir tout l'espace et se rappellent à notre souvenir sous mille formes écœurantes, la souffrance, faute de s'exprimer, s'est mise à proliférer, accroissant la conscience de notre vulnérabilité. Sous couleur de la balayer, on l'a sacralisée. Devenue un tabou, une zone grise de nos sociétés, elle a littéralement explosé, tel un gaz trop longtemps réprimé ;

---

1. « L'acte terrifiant, horrible qu'était sa marche vers la mort était, il le voyait bien, rabaissé par tout son entourage, au niveau d'un désagrément passager non dénué d'indécence (un peu comme on se conduit vis-à-vis de quelqu'un qui sent mauvais lorsqu'il entre dans un salon). » Tolstoï, *La Mort d'Ivan Ilitch*, Folio, Gallimard, p. 129.

envahissant tous les pores de la société, colonisant des territoires où on ne l'attendait pas. Car ne pouvoir nommer le mal qui vous frappe, que ce soit sur les lieux de travail ou dans la vie quotidienne, ne pas le voir accepté par les autres est la pire des choses, une manière d'endurer deux fois (de la même façon, notait Philippe Ariès, que le refoulement des larmes et du chagrin dans le deuil aggrave le traumatisme de la perte). Le tort de l'Occident, dans la seconde moitié du XXe siècle, fut de donner aux hommes l'espoir insensé d'un effacement prochain de toutes les calamités : famines, indigence, maladies, vieillesse allaient disparaître dans l'horizon d'une ou deux décennies et c'est une humanité purifiée de ses anciens fléaux qui allait se présenter aux portes du troisième millénaire, fière d'avoir traqué les derniers germes de l'enfer. L'Europe devait devenir, selon le mot profond de Susan Sontag, l'unique endroit où la tragédie n'aurait plus lieu. (Et à chaque décennie, chaque passage de siècle, ce sont les mêmes serments d'ivrognes qui reviennent, les mêmes espérances increvables : les frontières vont disparaître, la faim sera jugulée, les prisons abolies, les maladies maîtrisées, etc.)

Non seulement ce conte de fées ne s'est pas réalisé mais d'une certaine façon il a renforcé ce qu'il était censé annuler. On avait tonné à juste titre contre la culture de la résignation propagée par l'Eglise et la bourgeoisie, notamment au XIXe siècle. Alors l'effort et l'endurance étaient vécus comme la norme, la rançon du péché ou de la gêne, et le plaisir comme une rareté, un jardin privé entouré de hauts murs et interdit au peuple. Mais quand l'hédonisme s'impose en valeur absolue, mort et souffrance deviennent de purs non-sens, d'intolérables atteintes à nos droits. Aux ravages qu'elles provoquent se surajoute leur inutilité qui les rend plus amères encore. Et l'on s'impatiente qu'elles persistent alors qu'on nous avait laissé croire à leur disparition prochaine. «Avouons l'existence du mal sans ajouter encore aux laideurs de la vie l'absurde complaisance de les nier», disait déjà Voltaire. De là ce paradoxe déjà évoqué : nos sociétés n'ont jamais autant parlé de souffrances depuis qu'elles s'occupent exclusivement du bonheur. Par un renversement fantastique, la douleur censée n'avoir aucune légitimité en est venue à occuper une place démesurée, la toute première à vrai dire.

Voyez le sombre éclat dont jouit de nos jours le mot malheur. Face à lui tout le monde s'incline : il est un passeport qui ouvre les cœurs, suspend tout jugement, excuse toutes les forfaitures. Ce fut le génie d'un François Mitterrand que de mettre en scène sa propre mort, plusieurs années avant qu'elle n'advienne, pour faire passer mensonges et omissions de son règne. Confesser au seuil de l'éternité et alors qu'on affronte avec courage une maladie fatale qu'on a jadis fauté, c'est rendre l'aveu anodin, distiller les révélations pour fermer la bouche aux critiques. Ce n'est plus un dirigeant qui parle, c'est un habitant de l'outre-tombe qui s'adresse à nous avec la pâleur du cadavre et balaye en les avouant des broutilles de jeunesse, des tentations maréchalistes, des amitiés compromettantes. Si l'agonie classique était d'exemple, celle-ci fut toute d'indulgence et permit au vieux monarque socialiste, expert en tromperies, d'offrir ses peines présentes en bouclier de pardon pour ses erreurs passées. Magnifique sortie qui heurte la morale et les principes de la démocratie mais qui devrait être étudiée comme un cas d'école par tous les dramaturges[1].

Parce qu'elle fut longtemps reléguée aux oubliettes et pudiquement omise par le discours politique, la souffrance refait surface, revient en fanfare, acquiert une sacralité douteuse : loin d'être obscène, elle est sur scène et dès qu'elle s'exhibe, elle vaut pour absolution. A celui qui peut se réclamer d'elle, en étaler publiquement tous les stigmates, les règles de l'éthique ordinaire ne s'appliquent plus. C'est qu'il y a une ambivalence de la démocratie vis-à-vis du malheur : parce qu'elle le récuse, elle en fait la base de droits toujours nouveaux. Ses grands enjeux sont d'abord négatifs : résorber la misère, mettre fin aux inégalités, combattre les maladies. Inévitable contradiction qui consiste à désigner les maux que l'on s'efforce de supprimer. Si tout ce qui souffre ouvre droit au droit et fonde l'existence de ce dernier[2] alors la douleur physique ou psychique devient peu à peu la mesure de toutes choses. Pour la tuer il faut d'abord la nommer, la faire être. La modernité constitue depuis les Lumières l'élargissement croissant du sentiment de l'insoutenable : ce qui semblait aller de soi est désormais pensé en termes d'injustice, d'ar-

---

1. Sur la fin des chefs d'Etat et celle de François Mitterrand, on lira les essais d'ethnographie comparée parus chez Gallimard sous la direction de Jacques Julliard, *La Mort du roi*, 1999.
2. Jean Poirier, *La Douleur et le Droit*, ouvrage collectif, PUF, 1997.

bitraire. Ce qui a changé, ce n'est pas la somme des fléaux dont nous pâtissons par rapport aux siècles précédents, c'est notre disposition d'esprit vis-à-vis d'eux. *Être moderne, c'est être incapable de prendre son parti du sort qui nous est fait.* La haine de la souffrance est donc la source de tous les progrès du droit y compris pour les vivants non humains comme les animaux[1]. Et puisqu'à la modestie des attentes, typique des anciens temps, a succédé la montée des désirs, nous vivons dans une aspiration constamment déçue : nul n'est jamais assez aimé, gratifié, récompensé. Comme la mort pour le christianisme était le salaire du péché, le bonheur pour nous devrait être le salaire de l'existence, cette manne équitablement reversée à chacun pour le remercier d'être né. Mais plus l'ambition est démesurée, plus le résultat semble maigre et le cercle de l'insupportable ne cesse de s'agrandir. La démocratie, générant une insatisfaction perpétuelle, devient le régime de la plainte consacrée. C'est par le droit devenu, comme l'a dit un juriste, « un immense syndicat contre la souffrance » que cette dernière revient dans le discours collectif : sa mise hors la loi lui assure paradoxalement une renaissance continue. En l'occurrence, c'est le chasseur qui est prisonnier de sa proie, non l'inverse.

Ainsi en arrive-t-on à une confusion préoccupante entre adversité et malheur : l'obstacle n'est plus l'épreuve normale que le monde oppose à mes entreprises mais une offense personnelle qui devrait don-

---

1. Comme le démontre le livre controversé de l'utilitariste australien Peter Singer, *Questions d'éthique pratique*, Bayard, 1997.

ner lieu à compensation. Nous confondons douloureux et désagréable, malheureux et ardu ; à la moindre contrariété, nous nous exclamons : le monde ne m'aime pas, les choses sont contre moi. L'indétermination croissante des places de la souffrance et de la non-souffrance fait qu'il naît chaque jour de nouvelles détresses, tel un marcheur qui lèverait des incendies sous ses pieds. Des choses admises ne le sont plus, tout ce qui freine ou retarde la satisfaction est rangé dans le registre de l'infortune. Une catégorie traditionnelle comme l'effort physique – sinon sous forme ludique dans le sport – est bannie ; et les travaux de force, les tâches pénibles sont laissés aux immigrés (l'immigré c'est celui qui ne mesure pas sa peine). Mais l'effort intellectuel lui aussi est annexé au domaine de l'oppression : c'est le problème de l'école qui, voulant épargner à l'enfant toute vexation, renonce souvent à transmettre au nom de la sacro-sainte liberté du petit : apprendre est assimilé à une persécution, il faut aider les élèves à s'épanouir, non leur infliger d'abstraites connaissances...

Bref la clarté du malheur a disparu, celui-ci conquiert et envahit tout ce qui n'est pas plaisir et strict plaisir, progresse en phagocytant des états, des émotions qui ne lui étaient pas associés jusque-là. Du coup nous perdons le sens des proportions, nous haussons les plus petits désagréments au rang d'une tragédie. Nous entrons dans l'ivresse du pathos lequel n'est plus comme chez les romantiques une stratégie de la distinction par rapport au bourgeois mais le réflexe de la déploration systématique, la philosophie du désespoir à la petite semaine. L'enfer contemporain, c'est de ne plus savoir où commence et où finit la douleur laquelle prend tous les visages et s'étend au fait même de vivre, réactualisant ainsi un postulat religieux que l'on croyait dépassé.

VERS UNE NOUVELLE CULTURE DE LA SOUFFRANCE?

J'avais montré dans un livre précédent[1] comment l'état de victime était devenu un statut enviable, parfois héréditaire, créant de véritables lignées de parias exonérés de tout devoir et bénéficiaires de tous les droits. Comment à la guerre des consciences, chère à Hegel, s'est substituée la guerre des souffrances qui s'affrontent sur la scène publique. Comment chaque peuple, minorité, individu se bat pour occuper la place de la victime maximale au moment où les opprimés traditionnels sont désignés comme des nantis, confusion qui entraîne une concurrence victimaire entre tous ceux, Kurdes, Juifs, Bosniaques, Tutsis, Noirs, Amérindiens, femmes, homosexuels, qui se disputent la palme du martyre suprême. Comment s'est développé dans nos pays un marché de la souffrance lié à l'extension du droit, une véritable démagogie de la détresse où chacun rivalise avec autrui et affiche ses palmarès dans l'étalage de ses chagrins. Comment cette ébriété du malheur, conséquence d'une perte de confiance dans les pouvoirs humains, a débouché sur la promotion inégalée de la jérémiade mais aussi sur

---

1. *La Tentation de l'innocence*, Grasset, 1995.

la corruption du langage ordinaire, sur la juxtaposition nauséeuse de nos petites misères et des grandes atrocités, l'usage immodéré du mot génocide et l'invocation systématique d'Auschwitz étant les meilleurs indices de cette dénaturation par surenchère.

Tout mal heureusement n'est pas voué à un tel destin. Nous faisons l'hypothèse que de façon tâtonnante les sociétés occidentales, à côté du droit comme instrument de réparation et du combat politique comme facteur de justice, sont en train d'inventer un autre rapport à la souffrance et qu'il s'agit peut-être d'une révolution fondamentale. La première étape consiste après des années de refoulement à reconnaître le malheur comme constitutif de la condition humaine, à réapprendre à vivre avec lui pour en déjouer les pièges mortels et en tirer le parti le moins dommageable. Le rapatrier dans nos existences, le réintroduire dans le langage commun, c'est se déprendre de la fascination malsaine qu'il exerce lorsqu'il est celé, c'est aussi se donner les moyens de le contenir en l'intégrant. Face à lui nous disposons non d'une absence mais d'une surabondance de recettes qui se concurrencent. Outre les deux recours traditionnels déjà vus, celui des Anciens et du christianisme, les Modernes ont multiplié les thérapies pourvoyeuses de sens sans oublier l'arsenal massif de la pharmacopée ainsi que toutes les sagesses, médecines et confessions exotiques que notre époque désemparée convoque de façon brouillonne à son chevet.

Sophisme à cet égard du bouddhisme et de certains courants stoïciens : *offrir la solution des problèmes par leur dissolution.* Décréter funestes nos attachements, vaines nos préoccupations, illusoire notre moi. Proposer la paix de l'âme, la sérénité par soustraction de soi aux tumultes de la société. Si l'on estime à l'inverse que ce n'est pas dans le renoncement mais dans l'attachement passionné aux autres et aux sortilèges du monde que réside la vie authentique, alors ces doctrines, en supposant la difficulté résolue par dérobade, ont peu à nous apprendre. Si pour nous le pire des chagrins est la perte d'un être aimé, y réagir en répondant comme Epictète : « Ne dis jamais de quoi que ce soit : Je l'ai perdu. Mais : Je l'ai rendu. Ta femme est morte, elle est rendue. Ton enfant est mort, il est rendu », est d'une piètre consolation sauf pour qui a choisi « l'idéal ascétique » (Nietzsche). Entre la fade ataraxie et les orages de l'amour, il est permis de préférer ces derniers même si l'on multiplie alors les risques d'exposition aux coups du sort. En quoi l'amour, s'il est la source des plus grandes félicités, ne se confond en rien avec le bonheur puisqu'il inclut dans son spectre une gamme de sentiments infiniment plus vaste : l'extase, la dépendance, le sacrifice, la terreur, l'esclavage, la jalousie. Etant l'expérience la plus exaltante et la plus dangereuse, il peut nous précipiter dans l'abîme et nous hisser sur des sommets. Il suppose surtout que nous acceptions de souffrir de l'autre et pour lui, de son indifférence, de son ingratitude, de sa cruauté.

Confusion autant que profusion des repères . il n'existe plus de consensus face à la détresse, à supposer qu'il ait jamais existé, car nous siégeons désormais dans l'*espace du menu* où nous essayons les unes après

les autres les différentes voies, au besoin en les simpli-
fiant. Relativisme total : à chacun de se débrouiller
avec son mal, selon ses convictions et ses moyens (et
l'on sait combien l'inégalité socio-économique aggrave
la vulnérabilité à certaines pathologies et accroît la discrimination dans l'accès et la qualité des soins). Les
usages se sont perdus d'endurer comme les autres :
c'était une réplique imparfaite peut-être mais qui avait
le mérite d'être au moins collective et d'imposer un
rituel cathartique. Et comme Freud disait de la psychanalyse qu'elle a pour but de nous apprendre à
supporter la vie ordinaire, il faut réapprivoiser la souffrance, « s'en avoisiner », comme disait Montaigne de
la mort pour retrouver vis-à-vis d'elle un certain détachement, tenter, autant que faire se peut, de la tenir à
distance.

FAIRE LIEN PAR L'ÉPREUVE PARTAGÉE

Le deuxième moment de cette révolution consiste à
rattacher les hommes à partir de leurs tragédies communes. On ne prétend plus détruire le malheur d'un
coup comme jadis le socialisme révolutionnaire mais
l'entamer fragment par fragment quand il nous
atteint. Chaque traumatisme, accident, attentat, épi-
démie donne lieu à des ripostes spécifiques, à des
comités, des associations où se joue un double travail
d'entraide et d'échanges. Des êtres de tous milieux, de
toutes origines se trouvent, par hasard, réunis par une

MÉDECINS ET PATIENTS

Rien de plus ambivalent que la figure du médecin, à la fois prêtre, sorcier et guérisseur, maître de vie autant que de mort. Longtemps sa représentation a oscillé entre deux images extrêmes : celle du praticien arrogant, grisé par sa puissance, doté de tous les attributs du savoir ; et celle du médecin de famille, divinité tutélaire de la société française et qui savait allier à un diagnostic sûr et précis des conseils amicaux sur la conduite à tenir. Alors la relation médicale était bien « la rencontre d'une conscience et d'une confiance » (Louis Portier) et certains de ces docteurs, à force de fidélité, devenaient presque des guides capables d'inspirer l'hygiène du corps comme de l'esprit.

Tout a changé depuis que la médecine s'est à la fois spécialisée et libéralisée. Entre les mains du spécialiste non seulement la personne humaine est morcelée mais, sur chaque partie, de multiples concurrents s'affrontent. Conséquence de ce nouveau statut : on oscille vis-à-vis de chaque thérapeute entre foi et suspicion absolue. Supposé tout connaître, celui-ci n'a aucun droit de se tromper. Et certains malades, en proie au nomadisme de l'hypocondriaque, naviguent d'un cabinet à un autre en quête d'un avis ou d'un médicament nouveau. Le patient contemporain est un sceptique qui ne croit à aucun traitement mais les essaye tous, cumule homéopathie, acupuncture, sophrologie, allopathie un peu comme ces nouveaux fidèles qui embrassent plusieurs religions pour multiplier les assurances.

Plus l'on attend de la médecine en général (et on lui demande tout aujourd'hui y compris l'impossible, la guérison totale, la victoire sur la mort), plus on s'impatiente des limites des médecins en particulier. La science écrase de ses promesses ses serviteurs ponctuels lesquels se banalisent, perdent en autorité, deviennent de simples prestataires de services que l'on traîne en justice, d'ailleurs souvent à juste titre, s'ils commettent une faute. Si le chercheur, le savant, certains chirurgiens dont le savoir-faire tient d'une véritable génialité artistique gardent un immense prestige, le docteur n'est plus, dans beaucoup de cas, qu'un réparateur qui remet la machine en marche jusqu'à la prochaine panne.

Il n'est pas certain toutefois que nous soyons voués à cette médecine parcellaire qui s'apparente souvent à un travail de plomberie ou de robinetterie. Parfois heureusement du malade au médecin une parole se noue qui n'est pas seulement utilitaire et permet au premier de dire sa souffrance, d'insérer son symptôme dans une histoire personnelle. Alors la relation, au lieu d'être celle, inégalitaire, d'un mandarin qui ordonne et d'un patient qui obéit, devient-elle un échange et un contrat où deux sujets, conscients de leurs limites, essayent ensemble la meilleure cure possible dans un respect réciproque. Peut-être l'avenir réside-t-il dans le mariage de la compétence du spécialiste et de l'intelligence humaine du généraliste.

même blessure et, constatant les limites de la médecine autant que de la psychiatrie, décident de s'associer pour combattre leur drame ensemble. Ce fut la grande nouveauté des Alcooliques Anonymes fondés aux Etats-Unis avant la guerre de 1940 et importés en France par Joseph Kessel que d'inaugurer une thérapie comportementaliste basée sur la prise en charge de sa dépendance par le buveur lui-même assisté de tuteurs qui ont traversé le même calvaire et s'en sont sortis. On réactive ainsi, contre l'intempérance, un idéal de maîtrise de soi sous le contrôle de parrains qui protègent et surveillent. On continue à faire de la boisson (ou de la drogue) le centre de la vie mais on modifie peu à peu son rapport à elles. A défaut d'en prendre on en parle et on en parle pour ne plus en prendre. Ce que l'on perd par sevrage est regagné en liberté et l'on se sauve avec d'autres à travers cela même qui nous détruisait. Ceux qui pensaient trouver dans l'alcool un ami alors que cet ami s'est retourné contre eux ont découvert dans les règles du groupe le moyen de restaurer une autonomie perdue.

Quelque chose d'infime mais de décisif a peut-être changé dans notre rapport à la maladie. Nous la redoutons et la fuyons autant qu'auparavant mais nous n'acceptons plus d'en être dépossédés par une compétence extérieure, médicale ou autre, nous exigeons désormais d'être associés dans la mesure du possible au processus des soins. En ce domaine il y a sans doute une singularité du sida : parce qu'on s'est longtemps contenté, à défaut de vaincre le mal, de stigmatiser les malades, ceux-ci, en premier lieu homosexuels et toxicomanes, ont dû littéralement inventer une parade sociale, juridique, politique pour résister à l'ostracisme et au mépris, allant jusqu'à recréer des rites funéraires païens pour enterrer leurs morts. Exemple stupéfiant d'hommes et de femmes soumis à la même communauté de destin et dont la mobilisation pourrait avoir un effet bénéfique sur toutes les autres affections. Le sida n'a pas seulement renoué la vieille alliance du sexe et de la mort (même s'il fut au début superbement méconnu, dénoncé comme un complot contre la minorité gay). Il a mis face à face deux univers qui ne se connaissaient plus, la jeunesse et le tombeau, en une fin de siècle qui avait promis à tous sinon l'éternité du moins la prolongation de la vie jusqu'à 120 ans. Il est venu narguer nos espoirs les plus fous, nous a replongés dans une sorte d'horreur médiévale puisque derrière lui d'autres générations de virus attendent dans l'ombre pour nous faucher. Mais plus que tout, il a cassé le mythe de la toute-puissance médicale, a redonné un sens terrible au mot incurable – le terme le plus indécent de la langue moderne – et accru notre panique devant le retour des maladies mortelles.

Par là même, il a acquis un statut particulier, est devenu un objet mi-politique, mi-médical : toutes les pandémies si l'on ose dire ne sont pas aussi «désirables» et celle-ci par l'émotion causée, les imprécations dont elle fut l'objet a contraint de tout remettre à plat ; elle a obligé les chercheurs à réorienter leur travail, les patients à modifier leur statut, la société à considérer avec un autre regard des pathologies confinées jusque-là dans le secret et la honte. C'est peut-être grâce au sida, ce sinistre coup de cymbale frappé dans une époque insouciante, que le malade est devenu un sujet de droit (et non plus un objet passif entre les mains des médecins), un acteur social qui peut saisir la justice, comme on l'a vu dans le procès du sang contaminé, qui décide d'un commun accord avec les docteurs de la meilleure thérapie à suivre et parfois siège dans le conseil d'administration des hôpitaux. Désormais coresponsable des soins qu'il reçoit, le patient non seulement apprend la médecine en même temps que sa maladie mais il accède aussi à la majorité, participe à sa façon à sa guérison : ainsi dans une clinique suisse réservée aux enfants atteints du cancer, on dessine chaque matin sur un tableau noir les cellules mortelles et l'on fait répéter aux petits : cellules je vous tuerai, je ne vous laisserai pas me tuer. En insérant son drame privé dans des réseaux d'amitié, chaque personne devient à la fois la gestionnaire de sa maladie et une pédagogue qui éduque les autres, leur apprend à s'emparer du savoir médical et juridique. Il y a là un acte souverain de réappropriation, un passage de la soumission à la dignité retrouvée.

C'est donc le partage de la souffrance et la volonté de s'en affranchir qui créent le lien et provoquent «un acte de donation de sens[1]». Quelle que soit la forme que prennent ces *coalitions de dolents*, toutes partent d'un même constat : les sagesses mondaines comme les politiques traditionnelles sont désarmées devant le deuil et n'ont rien à offrir à ceux qui pâtissent sinon les vestiges d'un scientisme impuissant ou d'un christianisme abâtardi. Soucieux de dépasser la résignation autant que la déploration, ces êtres fracassés se rassemblent pour ne pas endurer seuls. Autant d'initiatives minuscules, parfois spectaculaires ou sentimentales, qui visent à réinsérer les maladies dans la famille humaine et esquissent un nouveau réseau de luttes, à l'écart des Eglises, des partis, des institutions.

---

1. Daniel Defert : entretien avec Frédéric Martel. «Face au sida», *Esprit,* juillet 1994

LES VICTIMES OU LES PASSEURS DE FRONTIÈRES

S'il est vrai qu'un troisième pouvoir émerge de la société civile, le pouvoir des victimes[1], il s'agit d'individus qui refusent de se laisser réduire à cet état et aspirent, même au sein de la diminution physique, à retrouver liberté et responsabilité. Ecartant la victimisation où l'on argue de son préjudice pour obtenir dérogation, elles portent leur mal sur la place publique pour être reconnues et retourner dans la norme : telle, par exemple, cette jeune aviatrice française condamnée à la chaise roulante après un accident et qui crée un mouvement pour faire admettre la capacité des pilotes handicapés. En décidant que tel abus n'est plus tolérable, en traduisant leur révolte en termes juridiques et politiques, ces malades modifient la norme, bougent pour tous le seuil d'intolérance. Contraints de surmonter l'indifférence des pouvoirs publics, le scepticisme de l'expertise médicale ou psychiatrique, ils doivent répondre à cette question cruciale : *prouvez-moi que vous souffrez*[2]. Alors et alors seulement, ils feront jurisprudence, serviront de modèles à d'autres, élargiront le cercle des victimes légitimes.

---

1. Antoine Garapon et Denis Salas, *La République pénalisée*, Hachette, 1996, p. 10.
2. Sur la manière dont la plainte doit recevoir pour être admise une traduction objective par le médecin expert et être confirmée par un tableau clinique et une échelle de douleurs, voir l'article de Gilles Trimaille, « L'expertise médico-légale : confiscation et traduction de la douleur », in *La Douleur et le Droit, op. cit.*, notamment pp. 498-499

Mutation fondamentale : à travers les interpellations qui lui sont adressées par des hémophiles, des cancéreux, des sidéens, des handicapés, c'est toute une société qui tente de s'accommoder d'un mal *nouveau* et de prendre ses calamités en main dans un double geste de pragmatisme et de volontarisme. On ne se satisfait plus de ce que tous admettaient jusque-là. Ce qui relevait de la malchance est désormais pensé en termes de préjugés, c'est-à-dire de « fatalité modifiable » (Ernst Cassirer). On se bat, là comme ailleurs dans le monde du travail ou de l'entreprise, pour la dignité, pour ne pas se laisser résumer à sa disgrâce (changer le regard sur le handicap : c'est la principale fonction du Téléthon à travers la collecte de fonds pour la recherche contre les myopathies). Grands malades, traumatisés, accidentés, forts de leurs faiblesses communes, manifestent ainsi leur liberté à l'égard de ce qui les rangeait jusque-là dans la catégorie des sous-citoyens, des assistés. Ils se battent contre la ségrégation qui faisait d'eux des pestiférés, des porteurs de la mauvaise nouvelle. Ils luttent pour être gardés dans la communauté humaine[1].

---

1. Dans une thèse de doctorat de médecine sur l'évaluation du stress post-traumatique, le docteur Louis Jehel, à propos des 56 victimes de l'attentat survenu dans la station RER Port-Royal à Paris le 3 décembre 1996, révèle ainsi une plus grande vulnérabilité des femmes et des enfants à ce type d'événements dramatiques ainsi qu'une liquidation plus rapide du stress par les personnes blessées physiquement et prises en charge dans un cadre hospitalier. Son travail plaide pour la mise en place en France d'une politique d'assistance plus efficace et rapide aux victimes des attentats. Louis Jehel, Université de Picardie, Jules-Verne, Faculté de médecine, novembre 1997.

RÉVOLUTIONS MINUSCULES

A quoi bon marcher contre le sida? demande un philosophe. Et qui est pour? Marche-t-on contre le cancer et l'infarctus[1]? A cette objection forte, il faut répondre que l'on manifeste d'abord pour se compter, remobiliser les énergies, intervenir sur le plan symbolique, rappeler à la société que tous sont concernés. Il s'agit en ce domaine comme en d'autres de convertir des proscrits en victimes honorables (et de souligner que les honorables citoyens peuvent demain se retrouver dans la peau des proscrits). Ainsi les défilés d'Act Up avec leurs pancartes en forme de faire-part, leurs sifflets, leurs tenues sombres ressemblent-ils à ces cortèges de pénitents qui traversaient les villes du Moyen Age pour remémorer aux hommes qu'ils étaient mortels[2]. La modernité, chaque fois qu'elle est confrontée à l'essentiel, c'est-à-dire à la mort, retrouve des accents religieux. *Bref le citoyen moderne est un sujet souffrant révolté contre sa souffrance* et dont la révolte peut prendre plusieurs voies : celle de la plainte adressée à l'Etat-Providence[3];

---

1. Bertrand Vergely, *La Souffrance*, Folio, Gallimard, 1997.

2. Quoi que l'on pense par ailleurs de cette organisation qui fait de la provocation comme d'autres de la prose, use et abuse d'une rhétorique révisionniste – le sida comparé à la Shoah –, demande la convocation d'un Nuremberg de cette maladie et se livre, au nom de la sacralité du patient élevé au rang d'une figure christique, à des pratiques douteuses où le souci publicitaire se distingue mal de la cause défendue.

3. Voir à ce propos l'étude de J.F. Lae, *L'Instance de la plainte. Une histoire politique et juridique de la souffrance*, Descartes et Cie, 1996.

celle de la justice aux fins de réparation ; celle enfin de la bataille collective ou associative. Il peut cumuler ces trois réponses mais dans tous les cas il a le choix entre la posture victimaire qui l'assigne à résidence dans son mal ou le combat commun qui le contraint à inventer de nouveaux mécanismes de résolution, à offrir une issue raisonnable aux doléances. Ou l'enfermement dans sa blessure pour en ruminer sans fin la ténébreuse abjection ou la reconstruction de soi, l'obligation de quitter la bure du martyr pour entrer dans l'ordre de la liberté. Entre ces deux usages de la souffrance, il est probable que notre temps ne tranchera pas. Mais l'option est ouverte. Ces révolutions minuscules n'atténuent en rien la détresse du condamné, la solitude du mourant. *On peut guérir certains maux mais pas le malheur lui-même* lequel renaît sous de nouvelles formes et s'acharne avec une ingéniosité diabolique qui défie nos ressources les plus élaborées. Chaque époque, croyant avoir supplanté la précédente, ne fait que porter une nouvelle croix. Au moins notre attitude face à la douleur prend-elle un visage nouveau qui ne doit plus rien à l'optimisme positiviste, aux postulats religieux ou à l'étourderie hédoniste qui est une autre forme de la capitulation. « Ceux qui refusent le combat sont plus grièvement blessés que ceux qui y prennent part » (Oscar Wilde).

AMOUR N'EST PAS COMPASSION

On a accompli un immense progrès en élevant la compassion, « cette répugnance innée à voir souffrir son semblable » (Rousseau), au rang de vertu démocratique, manière de vivre l'humanité entière, y compris le règne animal, comme un seul corps dolent dont les moindres blessures nous affectent. C'est par l'horreur que provoque en nous le mal fait à autrui et à nos frères inférieurs, les bêtes, que progresse le domaine du droit. Toutefois lorsque Rousseau écrit en substance : « Tout être qui souffre est mon semblable », il étend sans nul doute le sentiment d'égalité et de solidarité à l'ensemble des peuples et des espèces. Par là, il met la souffrance au centre de l'expérience humaine, et non la joie ou la gaieté. On peut alors lire sa déclaration à l'envers : seul celui qui souffre est mon semblable (et celui qui savoure la vie mon ennemi ?).

Méfions-nous des charognards du malheur que notre prospérité hérisse mais qui, au premier coup dur, accourent à notre chevet et se regalent de nos infortunes. Méfions-nous de tous ceux qui font profession d'adorer les pauvres, les perdants, les exclus. Il y a dans leur sollicitude comme un mépris déguisé, une manière de réduire les misérables à leur détresse, de ne jamais les considérer comme des égaux. C'est alors que sous le masque de la charité triomphe le ressentiment : amour du malheur, haine des hommes. On ne leur pardonne d'exister que s'ils endurent.

« Etre touché par la pitié, disait Cicéron, implique donc qu'on le soit par l'envie car si l'on souffre des malheurs d'autrui, on peut également souffrir de son bonheur. » Rousseau a inventé la compassion comme participation effective à la douleur d'autrui, marque de l'universalité des créatures. Il serait temps de lui opposer la co-délectation, la co-jouissance, manière de sympathiser avec le plaisir d'autrui, au lieu de le déchirer à belles dents dès qu'il semble mieux loti que nous. Alors et alors seulement éclate le visage authentique de l'amour : non la douteuse commisération mais la jubilation face à l'existence de l'autre. *«Delectatio in felicitate alterius»*, disait Leibniz, joie éprouvée dans le bonheur de mes proches. Il y a plus de noblesse d'âme à se réjouir de la gaieté d'autrui qu'à s'affliger de son malheur.

Chapitre XI

L'IMPOSSIBLE SAGESSE

« Jamais ne vécut philosophe qui put en patience endurer le mal de dents. »

Shakespeare.

« La mort ne recèle aucun mystère. Elle n'ouvre aucune porte. Elle est la fin d'un être humain. »

Norbert Elias.

« Ce qui est magnifique, c'est que pour rassurer les gens, il suffit de nier l'évidence. »

Robert Bresson.

Y A-T-IL UN ENSEIGNEMENT DE LA DOULEUR?

On connaît la célèbre alternative où nous enferme Voltaire dans *Candide* : l'homme serait né « pour vivre dans les convulsions de l'inquiétude ou la léthargie de l'ennui ». Nous n'aurions donc le choix qu'entre l'horreur de l'affliction ou la monotonie du repos. Terrible tenaille ! En réalité il faut à notre appétit de vie des adversités qui soient à notre mesure, éprouvent notre liberté sans la tuer. Il faut des obstacles que nous puissions dépasser et qui nous évitent la double expérience de l'échec répété et du malheur insurmontable. Là réside le paradoxe : les biens obtenus sans effort n'ont aucune valeur (c'est pourquoi la gratuité absolue de certaines marchandises provoque non l'attirance mais le dégoût. Même le voleur paye de sa personne pour dérober les biens d'autrui). Au rêve puéril d'une existence où les plus hautes finalités seraient atteintes sans peine, il faut répondre que trop de facilité tue le plaisir quand s'évanouit le piment de la résistance et que tout s'obtient tout de suite. Pour que la satisfaction soit complète, il faut cheminer avec le temps, mûrir longuement ses projets, éviter la précipitation qui ruine les plus beaux élans. *Ne nommons pas souffrance ce qui relève de notre inachèvement,* nommons-le aubaine, heureuse surprise, chance pour nous d'œuvrer à notre perfectionnement, disons de lui ce que Platon disait de la laideur, qu'elle est électrisante dans la répulsion qu'elle inspire alors que la beauté nous assoupit. Tout obstacle vaincu et surmonté donne du prix à l'objet visé, il y a une fatigue du travail qui peut rebuter mais libère aussi une jouissance sans égale. La douleur qui décourage les uns galvanise les autres.

Car elle est une alarme salutaire pour le corps, une fonction vitale qui nous confronte à nos limites et constitue « le dernier rempart avant la folie et la mort[1] ».

---

1. J.D. Nasio, *Le Livre de la douleur et de l'amour,* Payot, 1996.

Les pires maladies on le sait se faufilent souvent sans bruit, dans « le silence des organes ». De même les grandes questions, les revirements décisifs jaillissent souvent d'un revers qui permettra éventuellement de transformer le désarroi en atout, les handicaps en avantages. Tout le drame de l'héritier, c'est de trouver sa vie mâchée et digérée avant même de savoir parler, c'est d'être blasé de tout avant d'avoir pu rien goûter. Puisque les valeurs ne sont pas données dans l'instant et que je ne suis pas immédiatement ce que je dois être, l'accès à la vérité est une voie chaotique qui suppose tension et cheminement. Seul nous forme ce qui nous repousse et nos projets découpent dans le monde un champ d'activités et donc d'échecs ou de réussites potentiels. C'est pourquoi toute éducation, même la plus libérale, est déchirement, arrachement à un état d'ignorance bienheureuse, violence que l'on inflige à un enfant pour l'incarner dans la dimension de la parole et des savoirs. Bref une vie sans combat, sans fardeau, sans peine d'aucune sorte, une vie qui serait une ligne droite au lieu d'une « pente escarpée » (Xénophon[1]) constituerait un monument de langueur.

Mais si l'homme n'accède à l'humanité qu'à travers l'épreuve, encore convient-il de distinguer celle-ci de la pénitence. Contrairement au mythe selon lequel il faudrait avoir beaucoup souffert pour connaître les hommes (Elias Canetti aurait dit à George Steiner :

---

1. Cité dans le livre de Paul Demon, *L'Idéal de tranquillité*, Les Belles-Lettres, 1990, p. 287.

«Jamais vous n'écrirez de grands livres si vous ne connaissez pas un jour un effondrement mental total»), le malheur n'instruit pas les hommes, il les rend malheureux et aigris. «Il faut avoir bien peu d'amour de l'humanité pour penser que c'est en se brisant qu'une vie progresse[1].» En d'autres termes ne sont bénéfiques que les déboires auxquels nous pouvons donner sens et qui débouchent sur un élargissement, lorsque nous sortons affermis d'une expérience qui semblait devoir nous engloutir (mais contrairement à l'aphorisme nietzschéen devenu rengaine médiatique, ce qui ne me tue pas ne me rend pas forcément plus fort : je peux survivre à un infarctus, à un cancer sans jamais recouvrer ma santé d'antan, sans en tirer la moindre sagesse). Ce qui passionne dans les biographies des gens ordinaires ou célèbres, avec leur alternance d'ascensions, de chutes, de résurrections, c'est qu'elles mettent en scène des individus quelconques capables dans des situations désespérées de faire preuve d'un courage exceptionnel, d'inventer une solution[2]. Le héros contemporain est un héros de circonstance propulsé malgré lui hors des normes habituelles, un baroudeur de l'aléatoire non un professionnel de la bravoure. De même le sport nous fascine en ce qu'il est un jeu avec le destin : il souligne

---

1. Bertrand Vergely, *op. cit.*, p. 71.
2. Évoquant le cas de ces enfants qui ont su triompher d'épreuves immenses et se faire une vie d'hommes, Boris Cyrulnik a forgé le mot de «résilience», concept qui désigne ce qui nous fait rebondir face aux coups du sort mais ne désigne pas automatiquement une aptitude au bonheur. *Un merveilleux malheur*, Odile Jacob, 1999.

la précarité de la victoire comme de l'échec, remet en question titres et trophées dans un tourbillon sans fin. Image de la fragilité des places acquises, il constitue un espoir pour les perdants, un avertissement pour les gagnants.

Déjà Cicéron signalait le cas de ces soldats portés par l'orgueil et la passion qui pouvaient endurer mille maux au combat mais s'effondraient devant une petite maladie[1]. Nous n'aimons que les contraintes que nous nous imposons en vue d'un but supérieur quand nous sommes prêts à nous exposer aux pires dangers pour arriver à nos fins (ce pour quoi, à l'encontre de ce que nous serine mainte religion orientale, il faut réhabiliter l'ego, l'amour de soi, la vanité, le narcissisme, toutes choses excellentes quand elles travaillent à renforcer notre puissance). Voyez les calvaires souvent inhumains auxquels se soumettent les sportifs de haut niveau pour vaincre en compétition alors que le monde occidental est tout entier acquis à la culture de l'anesthésie. A chacun de fixer le seuil de pénibilité au-delà duquel il ne veut plus aller (que vaudrait d'ailleurs une vie qui n'aurait pas pris au moins une fois le risque de la mort, qui n'aurait pas connu sa proximité enivrante pour la narguer ?). Tel est le projet moderne de marier la volonté et l'autonomie grâce à quoi l'inhumain devient humain parce que je le veux et que moi seul établis le barème des douleurs que je suis prêt à endurer. La « bonne souffrance » est celle

---

1. Cicéron, *Devant la souffrance*, II⁰ et III⁰ Tusculanes, Arlea, p. 56.

que je décrète nécessaire à mon épanouissement, que je peux convertir en pouvoir et en connaissance.

On connaît l'exemple de cette femme alpiniste qui a parcouru le Pôle de part en part à pied pour se prouver qu'elle en était capable et aider les enfants malades. Ou de ce Français qui a traversé l'Atlantique à la nage en hommage à son père mort du cancer et verse une partie des fonds récoltés par cet exploit à la recherche contre la maladie. Comme si l'on pouvait opposer une volonté à une fatalité, comme si la peine que l'on s'inflige devait compenser celle que l'on subit! Défi lancé à la finitude, entêtement à reculer les limites psychologiques et physiologiques du corps en le soumettant à un exercice terrible. Ces guerriers de l'inutile croient aux lois de la symétrie, ils estiment qu'un martyre maîtrisé et désiré rachètera magiquement tous les autres. Cette morale de l'endurance qui ne cesse de battre des records est surtout une morale de la conjuration : elle rétablit le décor de l'ignoble, du mal extrême afin de mieux l'expulser, elle s'impose un surcroît de brimades, de périls pour exorciser ceux qui nous frappent chaque jour.

Hélas nous ne choisissons pas les coups que nous porte la vie, la détresse ne frappe pas à la carte mais fait irruption de façon tonitruante, surtout dans cette forme moderne et dérisoire de la catastrophe qu'est l'accident. L'existence s'amenuise lorsque la part de l'adversité anonyme l'emporte sur l'adversité librement consentie, lorsque nous n'osons plus risquer, frôler les précipices de peur de hâter l'échéance ou d'attirer sur nous mille fléaux. Il n'y aurait pas tourment, désolation si à toutes les blessures on pouvait assigner une raison et un sens. Or nous ne le pouvons pas, et c'est pourquoi la douleur reste innommable, atroce, ne nous déniaise pas, ne nous enseigne rien. Et quelle illusion dans la pratique stoïcienne de la *praemeditatio*, de la prévision des maux futurs pour mieux les déjouer ! Croire que l'on peut adoucir la mort, la maladie, la privation en s'y préparant jour et nuit est surtout une manière de s'empoisonner la vie, de se gâcher le moindre plaisir en imaginant sa fin [1]. Car c'est toujours par inadvertance que le malheur nous atteint, que la mort nous cueille et que la maladie nous broie même si nous pensions les anticiper pour les désamorcer. Etrange manière que d'accorder à ces fléaux les pleins pouvoirs sur nous alors qu'ils ne sont pas de notre ressort. Quelle plus grande lucidité dans l'imprévoyance ! Il n'est pas vrai que vivre c'est se préparer à la mort et à la ruine : c'est épuiser toutes les possibilités que nous offre le séjour terrestre en dépit des vicissitudes et de la conclusion inéluctable, c'est agir comme si l'on était immortels. Dans le même ordre d'idées, un Cioran qui chanta livre après livre le suicide est mort bêtement si l'on ose dire de sénilité ; comme quoi il n'est

---

1. « Ils ne fléchissent pas sous les coups du sort parce qu'ils en ont calculé à l'avance les attaques car parmi les choses qui arrivent sans qu'on le veuille, même les plus pénibles sont allégées par la prévision, quand la pensée ne rencontre plus rien d'inattendu dans les événements mais en émousse la perception comme s'il s'agissait de choses anciennes et usées. » (Philon d'Alexandrie, 40 ap. J.-C., cité dans Pierre Hadot, *Qu'est-ce que la philosophie antique ?*, Folio-Essais, Gallimard, pp. 212-213.)

pas toujours facile de mettre ses actes en accord avec ses pensées.

LES SUPPLICIÉS MAGNIFIQUES

Rien de plus choquant et de plus instructif, dans un temps ivre de positivité, que d'entendre de grands malades nous expliquer qu'ils tiennent leur mal pour un ami et tentent de l'apprivoiser. Pour le dire autrement, quelques êtres par exception trouvent dans l'horreur de la maladie l'occasion d'explorer une dimension inédite de l'existence et pour certains même de se réjouir. J'en veux pour preuve quatre écrivains contemporains qui sont vraiment nos nouveaux scandaleux, nos fous furieux qu'il faudrait clouer au pilori s'ils n'étaient pour trois d'entre eux déjà morts alors que le dernier est un sursitaire sous perfusion. Le premier est Fritz Zorn, jeune bourgeois zurichois atteint d'une tumeur qu'il dépeint comme « des larmes rentrées » :

Je suis jeune, riche et cultivé ; et je suis malheureux, névrosé et seul. Je descends d'une des meilleures familles de la rive droite du lac de Zurich qu'on appelle aussi la Rive Dorée. J'ai eu une éducation bourgeoise et j'ai été sage toute ma vie. Ma famille est passablement dégénérée, c'est pourquoi sans doute j'ai une lourde hérédité et je suis abîmé par mon milieu. Naturellement j'ai aussi le cancer, ce qui va de soi si l'on en juge d'après ce que je viens de dire. Cela dit la question du cancer se présente d'une double manière : d'une part c'est une mala-

die du corps dont il est bien probable que je mourrai pro-
chainement mais peut-être aussi puis-je la vaincre et survivre ; d'autre part c'est une maladie de l'âme dont je ne
puis dire qu'une chose : c'est une chance qu'elle se soit
enfin déclarée. Je veux dire par là qu'avec ce que j'ai reçu
de ma famille au cours de ma peu réjouissante existence,
la chose la plus intelligente que j'aie faite, c'est d'attraper le cancer. (…) Depuis que je suis malade, je vais
beaucoup mieux qu'autrefois avant de tomber malade[1].

C'est encore l'écrivain Hervé Guibert, atteint du sida
et qui, biographe de sa propre mort, paniqué autant
que passionné par ce qui lui arrive, proclame : « Je bai-
serai les mains de celui qui m'apprendra ma condamnation », avant de s'émerveiller de « l'incroyable perspective d'intelligence qu'ouvrait le sida dans ma vie »
et de conclure que ce dernier a « quelque chose de
suave et d'ébloui dans son atrocité » puisqu'il « est un
très long escalier qui menait assurément à la mort mais
dont chaque marche représentait un apprentissage
sans pareil, c'était une maladie qui donnait le temps de
mourir et qui donnait à la mort le temps de vivre,
le temps de découvrir le temps et de découvrir la
vie, c'était en quelque sorte une géniale invention
moderne que nous avaient transmis ces singes verts
d'Afrique »[2]. Voyez encore l'extraordinaire témoignage
de Jean-Dominique Bauby, ce journaliste atteint, à la
suite d'un accident vasculaire, du *locked-in syndrome*

---

1. Fritz Zorn, *Mars*, Folio, Gallimard, 1979, pp. 33, 34.
2. Hervé Guibert, *A l'ami qui ne m'a pas sauvé la vie*, Gallimard,
1988, pp. 46, 181, 182.

(celui qui est enfermé à l'intérieur de lui-même) et qui, incapable de bouger, de parler ou même de respirer sans assistance, ne communique plus avec le monde que par les battements de sa paupière gauche. Transformé en « épouvantail à moineaux », découvrant l'univers de la paralysie totale, lui qui « semble avoir séjourné dans un tonneau de dioxine » éclate de rire :

> Une étrange euphorie m'a alors envahi. Non seulement j'étais exilé, paralysé, muet, à moitié sourd, privé de tous les plaisirs et réduit à une existence de méduse mais de plus j'étais affreux à voir. J'ai été pris du fou rire nerveux que finit par provoquer une accumulation de catastrophes lorsque, après un dernier coup du sort, on décide de le traiter comme une plaisanterie[1].

C'est encore pour finir cet hallucinant reportage du romancier anglais Paul West sur ses misères physiologiques. Atteint de tout un éventail de calamités, accident cérébral, migraines atroces, diabète, arythmies ventriculaires, taches cutanées, paralysie, il décrit sa maladie comme « un accident miraculeux » qui lui a permis d'accéder à la connaissance de soi et l'a ouvert à « la magie biologique » dont il serait autrement resté ignorant.

Etre né, c'est être transformable pour le meilleur et pour le pire en attendant le pire. Tout en observant mon

---

1. Jean-Dominique Bauby, *Le Scaphandre et le Papillon*, Robert Laffont, 1997, p. 31. Jean-Jacques Beineix a tiré un documentaire magnifique du cas Bauby, *L'Alphabet du silence*, présenté à l'émission « Bouillon de culture » du 14 mars 1997.

corps se plier à quelques-uns de ses dysfonctionnements finaux, j'ai réussi à faire beaucoup de travail, pas toujours par défi, et je pense parfois que son chaotique effondrement m'a inspiré, c'est-à-dire poussé au-delà du quotidien. Je dois rendre grâce de ce qui m'est arrivé, de la stimulation de ce que cela a provoqué. (…) Ma grande chance aura été de pouvoir dire ou écrire sur mon mal tout en souffrant contrairement à d'autres dont la maladie a balayé les capacités intellectuelles en même temps que leur corps. Pour cette aide, *muchas gracias* même s'il ne s'est agi que d'un hasard[1].

Amateur passionné de son propre mal, il décrit poétiquement ses crises de fibrillation, s'étonne de l'action de chaque médicament, compare les interventions chirurgicales à des œuvres d'art, les Doppler, les échographies à du Kandinsky ou à du Dufy, se fait gloire d'avoir frôlé la mort et d'être passé à deux doigts des Furies, célèbre le joyau ésotérique du jargon médical grâce auquel des langues mortes, le latin et le grec, deviennent furieusement vivantes. A travers la maladie, «forme suprême de l'art», il est entré comme Fritz Zorn, Jean-Dominique Bauby, Hervé Guibert dans une autre réalité. Devenu en partie un être bionique qui porte un pace-maker, un «téton de titanium», un homme machine constitué d'artifices, il scrute ses symptômes avec «une ferveur de philatéliste», tire «une fierté perverse» de ce qui l'afflige et se trouve «plutôt émoustillé d'avoir au moins quelque chose à dire de (son) destin».

---

1. Paul West, *Un accident miraculeux*, Arcanes, Gallimard, 1998, p. 11.

Provocations, fanfaronnades de désespérés qui plastronnent pour mieux cacher leur terreur ? Sans doute. Mais aussi pourquoi ne pas les prendre au sérieux, ne pas écouter ce qu'ils nous disent ? Ce qu'il y a de précieux dans les témoignages de ces écrivains, c'est qu'ils bannissent les trois attitudes canoniques que l'Occident a fixées face à la douleur : l'humilité, l'héroïsme ou la révolte. Refusant de poser aux victimes ou de sombrer dans la bigoterie, ils se soustraient par l'humour aux codes usuels du malheur, les détournent. Ces êtres déchiquetés dont la seule richesse est une béance tentent de répondre à une question fondamentale : que faire quand il n'y a plus rien à faire, quand le corps sombre dans la nuit ? Il reste au moins la possibilité d'écrire des livres, de bâtir dans l'écriture une demeure précaire. Puisqu'ils sont déjà vaincus, puisqu'ils « sont tombés dans la fosse pour de bon » (F. Zorn), ils n'ont plus rien à prouver et font l'aveu, déplacé, d'une certaine aisance dans l'abominable. Ils forment avec leur maladie un duo ombrageux et amoureux où ils se nourrissent de ce qui les tue. Ils offrent ainsi une exemplarité grinçante dont on ne sait si elle nous réjouit ou nous abat. A travers cette aventure tellement impensable qu'elle les force à prendre la plume (« Il fallait que le malheur nous tombe dessus. Il le fallait, quelle horreur, pour que mon livre voie le jour », dit Hervé Guibert), ils deviennent à leur manière des explorateurs de nouvelles possibilités humaines. « Personne n'a jusqu'ici déterminé ce que peut le corps », a dit Spinoza. Or ces quatre-là, à l'exception de Fritz Zorn, sont aussi des créatures de la technoscience tenues à bout de bras par la médecine, des survivants qui traversent une double épreuve existentielle et chimique. S'ils atteignent à une forme de sublime paradoxal qui n'exclut ni la peur ni l'autodérision, c'est qu'ils transforment leur impuissance en activité et frayent la voie d'un nouveau domaine où il n'y avait auparavant qu'épouvante et opacité.

Ayant atteint un niveau d'effroi terrifiant, ils tentent de fixer leur déchéance physique à la manière d'un cauchemar et défient le monstre qui les dévore en acceptant de le regarder en face. Ces malades extrêmes sont des expérimentateurs, des hommes des frontières qui campent aux limites de l'espèce où l'air est quasi irrespirable. Dans leur solitude vertigineuse, ils sont devenus des mutants qui s'éloignent, brûlent leurs vaisseaux, quittent les rivages ordinaires. Ce qui touche chez eux, c'est l'absence de pose : ni le fatras post-romantique cher à Thomas Mann et à Dostoïevski de la maladie comme dispensatrice de génie ni la vision nietzschéenne du surhomme que la souffrance sculpte tel un « marteau divin » et purifie. Nul embellissement ou pathos : il n'y a rien à dire, c'est comme ça. Ces êtres ordinaires nous parlent avec ironie de leur situation désespérée : la provocation délirante d'un Fritz Zorn : « Plutôt le cancer que l'harmonie [1] »,

---

1. Il est aberrant à partir du cas Fritz Zorn de vouloir élaborer une approche nouvelle du cancer comme si ce dernier était un jugement sur la société, une protestation contre des conditions de vie intolérables. Même si Zorn a multiplié non sans grandiloquence les interprétations sur son mal, son livre ne nous apprend rien sur le cancer mais beaucoup sur sa haine vis-à-vis de sa classe d'appartenance. On

la théâtralité enfantine d'un Guibert, tragédie stupéfaite d'un merveilleux jeune homme transformé en squelette, en «bébé-Auschwitz», le narcissisme désolé d'un Paul West et surtout le rire silencieux d'un Dominique Bauby sont capitaux. Dans leur sursaut, dans leur façon de conquérir des moments de sérénité sur la terreur, ils sont les ambassadeurs de tous les gisants qui luttent comme eux contre l'abjection. Ayant atteint «l'extrême du possible» (Bataille), ils nous épargnent les déclamations faciles : on le sait depuis les camps, il est un point où le malheur n'est plus possible, où la tristesse et les pleurs sont devenus un luxe inutile tellement on est descendus loin dans l'abîme. Leur langue porteuse d'une blessure analogue à celle du corps se déploie pourtant et fleurit comme le seul élément qui leur survivra. Cadavres en sursis évoluant dans une atmosphère à haute densité, ils prennent sur leur mal le point de vue de celui qui en fait une nouvelle manière d'exister dans la dévastation. Leurs récits ne sont pas un hymne à la gloire de l'homme conquérant ou résistant mais de l'homme poète et espiègle jusqu'au fond de son avilissement et qui pour un instant transforme son supplice en triomphe, en aventure intérieure. Ce sont des mys-

a voulu faire de cette œuvre un brûlot contre la Suisse. Pourquoi pas ? Mais il entre dans l'abomination que certains écrivains helvètes vouent à leur pays une complaisance qui fait sourire. Ces privilégiés voudraient nous persuader du caractère démoniaque de la Confédération : on s'ennuie peut-être en Suisse mais la monotonie n'est pas l'enfer ni le goulag. Même en crachant sur ses jouets un enfant gâté reste un enfant gâté.

tiques peut-être mais sans Dieu, sans révélation ; et s'ils éprouvent le bonheur de contrarier une dernière fois la nature au moment où celle-ci veut les rayer du monde, ils ne nous consolent pas, ne nous enseignent rien. Peut-être les lisons-nous pour conjurer la malédiction qui les a frappés ; mais aussi pour constater qu'une mort sans espoir d'au-delà, de réincarnation est possible. Expropriés d'eux-mêmes ces stoïciens narquois nous adressent un ultime salut avant l'engloutissement. Ils ne nous guérissent pas des terreurs obsédantes de la nuit ; ils projettent sur ses ténèbres les plus épaisses un mince faisceau de lumière. Ils mettent des mots sur des souffrances nouvelles et c'est cela qui trouble : ces cosmonautes du dedans nous parlent depuis une lointaine planète qui est déjà la nôtre et dont ils sont les premiers arpenteurs.

DES ARMISTICES PROVISOIRES

Evitons pour finir un contresens : il n'y a pas chez nous, il n'y aura probablement plus de sagesse face à la souffrance comme en offraient jadis les Anciens, comme en proposent encore les bouddhistes pour la simple raison que la sagesse suppose équilibre entre l'individu et le monde et que cet équilibre est rompu depuis longtemps, au moins depuis les débuts de la révolution industrielle. Nous nous inclinons devant la maladie, le vieillissement mais cette docilité toute provisoire sera démentie dès que l'ingéniosité humaine permettra de bousculer les normes jusque-là admises. (Et la science est vraiment notre dernière aventure, notre dernier grand récit, porteur d'autant de rêves que de cauchemars, seul capable de combiner la poésie, l'action et l'utopie.)

Quelle tristesse par exemple de penser qu'on va mourir d'une affection, d'un virus qui seront curables dans quelques années, que l'on part trop tôt (et l'on connaît à l'inverse le cas de ces sidéens qui, grâce à la trithérapie, ont dû faire le deuil de leur deuil et se reprojeter dans la vie). *La douleur est un fait, nous n'avons pas besoin d'en faire une foi* et l'on ne conclut avec la fatalité que des armistices provisoires. Nous avons vu tant de malheurs disparaître que nous ne pouvons nous résigner à souffrir ceux que nous endurons. Si « les pouvoirs de l'homme s'arrêtent devant les portes de la mort » (Aristote) il est au moins en son pouvoir de les garder closes le plus longtemps possible (et l'on sait qu'en ce domaine la recherche avance à pas de géant). Il y a dans le monde une grande impatience devant l'infortune car les progrès réalisés rendent odieuse l'immensité de ce qui reste à faire. La « bestialité » de la détresse (Pavese) interdit d'établir avec elle de justes rapports sinon chaotiques et heurtés. Toute sérénité en cette matière ne serait rien d'autre que l'argument de la fatigue.

Si l'on ne peut qu'admirer la nouvelle culture de l'accompagnement aux mourants qui se développe en Occident et épargne à ces derniers le terrible fardeau de la solitude et de la douleur en les portant « comme un bon navire vers la nuit sombre » (Marie de Hennezel), on ne saurait y déceler pour autant les prémices d'un nouvel art de mourir, s'il a jamais existé. Méfions-nous du lyrisme de la Camarde qui transforme la mort des autres en roman idyllique. On trouve chez certains propagandistes des soins palliatifs une espèce d'ébriété qui les pousse à tout euphémiser, à peindre en rose un événement dramatique. Ces *prosélytes de l'agonie enjouée* manifestent parfois, derrière leur gentillesse, un fanatisme qui fait peur surtout quand il les incite à refuser, à ceux qui en font la demande, de hâter l'heure de la fin au motif que l'agonie est un moment de vérité dont il ne faudrait priver personne. (A cet égard nous ne disposons toujours pas d'un statut des mourants, comme le réclamait déjà Philippe Ariès, il y a près de trente ans, surtout dans le cas de l'euthanasie, toujours interdite en France alors qu'elle est souvent pratiquée de façon clandestine et « administrative »[1]).

Sous prétexte que l'escamotage moderne de la mort a quelque chose de scandaleux – il existe par exemple déjà des cimetières virtuels sur le Net où l'on peut suivre les funérailles d'un proche sur écran – faut-il pour autant transfigurer cette dernière en occasion miraculeuse, qualifier celle des autres de moments de joie ? Au risque de verser dans une sorte de volonté de

---

1. Comme l'explique très bien Jacques Pohier. (*La Mort opportune*, Seuil, 1998), dans les cas d'extrême déchéance physique, le choix n'est plus entre la vie et la mort mais entre deux formes de mort. Le corps est déjà disloqué mais l'acharnement thérapeutique le maintient en survie artificielle. Sur le même thème voir le dossier très complet d'Anita Hocquard, *L'Euthanasie volontaire*, PUF, 1999.

ssance exercée sur des gens exténués, à qui l'on
rête des sentiments positifs ?

Mais peut-être s'agit-il, par cet exercice de ventrilo-
quie funéraire, de se rassurer auprès des gisants, de
vérifier à leur contact que la mort n'est pas si grave, de
s'immuniser contre elle par la contemplation gourmande de la mort des autres ? Ces amateurs impla-
cables de derniers soupirs ont parfois des bouffées de
joie inexplicables au moment où s'éteignent les
patients [1], comme si ces derniers, juchés sur la crête où
se ramasse tout un destin, devenaient des passeurs, des
professeurs de vérité qui ont entrevu la lumière,
comme si en un mot ils allaient nous refiler des
« tuyaux » sur l'au-delà [2]. Outre que l'idée d'accompagner la souffrance des autres est une idée douteuse
puisqu'on est « toujours en retard au rendez-vous du
prochain » (Catherine Challier), de la mort, par principe, on peut disserter sans fin puisque personne ne

---

1. « En quittant Danièle (une personne en fin de vie), j'ai eu envie
d'aller courir comme une folle pieds nus sur l'herbe. M'enivrer de
mouvements. J'ai pris ma voiture et je suis allée au parc de Sceaux.
(...) Sur la grande pelouse qui s'étend devant le château, j'ai pris un
immense plaisir à courir, à tournoyer, à sentir la terre chaude et
humide. J'ai remercié la vie et Danièle pour cet intense moment de
plaisir conscient. » (Marie de Hennezel, *La Mort intime*, Laffont, 1995,
préface de François Mitterrand, pp. 161-162.)
2. Ainsi trouve-t-on chez Elizabeth Kubler-Ross, pionnière américaine des soins palliatifs, un éloge plutôt embarrassant des maladies
graves et surtout du sida comme accélérateur collectif de notre huma-
nisation, mal apparent qui est un bien profond. Quand ce médecin
nous raconte dans ses Mémoires qu'elle dialogue en direct avec Jésus,
a des entretiens quotidiens avec des fantômes et considère la mort
comme l'ultime havre de paix, on quitte alors le domaine des idées
pour entrer dans celui, insondable, de la fantasmagorie.

sait ce qu'il advient de nous après. Les religions, disait Kierkegaard, sont des agences de voyages qui nous promettent un passage assuré vers le ciel mais nul n'en est jamais revenu pour nous dire s'il était satisfait du transport et du séjour. La seule forme de survie dont nous soyons certains, c'est celle du souvenir que nous laissons chez nos proches, c'est l'unique immortalité précaire dont soient assurés les mortels. Le reste est pure spéculation. Toutes les croyances sont respectables : mais c'est une pétition de principe que de faire de la mort une porte vers un monde meilleur, que de renverser le grand malheur en un grand bonheur (ce qui est une autre forme de déni). Face à elle, disait avec plus de modestie Jankélévitch, il n'est ni victoire ni défaite puisqu'elle n'est pas un adversaire que l'on peut battre ou domestiquer. Or nos amis de la Faucheuse, nos affamés de moribonds donnent l'illusion de détenir le viatique, la solution aux derniers instants immanquablement convertis en *happy end*. Il y a dans leur profession de foi une haine de la vie, une affreuse gloutonnerie de malheur qui rappelle les pages les plus sombres du christianisme. Quelle bizarre proposition en tous les cas d'affirmer que le deuil, la peine, les maladies incurables sont des enrichissements ! Même si cela s'avère pour quelques individus qui le proclament à titre strictement personnel, tels les quatre auteurs évoqués précédemment, c'est une affirmation intolérable dès qu'elle est généralisée. Nous ne vivons pas une révolution du mourir mais la prise en considération du mourant comme vivant de plein droit et c'est déjà capital.

S'il faut nous guérir de la volonté de tout guérir et libérer l'homme de sa fragilité, de son imperfection, il est absurde d'exiger de lui qu'il se plie au Minotaure de la souffrance et qu'il se résigne à ses limites au motif que l'espèce humaine n'est pas un matériau indéfiniment malléable. *Que tout ne soit pas possible ne signifie pas que rien ne soit permis.* Et la frontière entre les fatalités insurmontables et les injustices modifiables n'est pas plus tôt posée qu'elle est déjà déplacée. Nous ne pouvons tout faire mais nous pouvons intervenir dans les domaines qui dépendent de nous, nous allier avec la « nature » pour la combattre quand elle vise à nous éliminer. Telle est l'attitude pragmatique de nos sociétés qui, à défaut de posséder la clef de la détresse humaine, procèdent à des bricolages thérapeutiques, à des solidarités ponctuelles, combinant ainsi humilité et détermination. Nous sommes libres de desserrer nos liens, non de nous en défaire à jamais et nous ne posons des bornes que pour mieux les franchir. A chaque génération de repartir au combat où la précédente s'était arrêtée tout en sachant que chaque progrès engendre à son tour de nouveaux reculs, que l'élimination d'un fléau est aussitôt suivie de l'apparition d'un nouveau. Cette guerre ouvre autant de foyers qu'elle en éteint. L'on ne s'est jamais autant battu contre les calamités de l'existence depuis qu'on sait qu'il n'est pas de solution à l'infortune des hommes. Ainsi le malheur revient-il mais à une autre place non comme une fatalité ou un vestige mais comme un double inséparable, entrelacé à nos vies et que l'on tente d'expulser même si l'on devine la lutte sans issue.

Ce qui s'invente aujourd'hui, dans la maladresse et le tâtonnement, c'est un art de vivre qui inclut en lui l'intelligence de l'adversité sans tomber dans l'abîme du renoncement, c'est un art d'endurer qui nous permet d'exister avec la souffrance et contre elle.

SUCCÈS DU BOUDDHISME EN OCCIDENT ?

Tout est souffrance, naître est souffrance, vieillir est souffrance, maladie est souffrance, être uni à ce qu'on n'aime pas est souffrance, être séparé de ce qu'on aime est souffrance. Pour échapper à cette malédiction, il faut apprendre à se détacher du monde, tuer la convoitise en soi, sortir du cycle des réincarnations ou du moins trouver le moyen de renaître dans un meilleur destin. On aura reconnu, grossièrement résumé dans ces quelques lignes, un des fondements du bouddhisme. L'étonnant est que cette doctrine qui fait du moi une illusion funeste rencontre dans notre Occident hédoniste et individualiste un si large écho.

Le bouddhisme a ceci de singulier, par rapport à nos religions monothéistes, qu'il n'est pas dogmatique, n'ordonne pas, mais indique une voie pour sortir de l'errance, invite chacun à trouver le sentier qui mène au salut. Il recrée surtout un lien disparu depuis longtemps en Occident entre théorie et pratique : au contraire du philosophe occidental, pur esprit adonné à la spéculation, le maître bouddhiste, comme le maître ancien, est d'abord maître de vie. Il n'énonce rien qu'il n'ait expérimenté et alimente son enseignement à la source vive de l'expérience. Il y a plus enfin : en appelant à éteindre l'ardeur de la soif, à renoncer aux désirs, le bouddhisme rencontre et réveille un des axiomes centraux du christianisme : le caractère éphémère et vain de notre existence sur terre. Comme le christianisme encore, il considère la souffrance comme un moyen de nettoyer un mauvais *karma*, c'est-à-dire d'expier les fautes commises dans une vie antérieure. Comme lui, il tire son prestige de se situer hors la vie. Bref il réussirait là où nos Eglises échouent : comme doctrine du contrepoids qui vient freiner l'appétit de richesses, les égarements de l'égoïsme. Sa séduction viendrait donc de sa proximité et non de son éloignement et de sa très riche tradition culturelle. Il nous permettrait d'entendre sous un masque asiatique des vérités que nous ne tolérons plus de nos propres confessions. Il ne viendrait pas contester le judaïsme et le christianisme, il en confirmerait certains axiomes. Il serait moins un détour qu'un retour.

Rien n'est moins sûr pourtant. Si l'on excepte un tout petit nombre d'érudits et de lettrés, ce n'est pas le bouddhisme qui triomphe en Occident, c'est une religion à la carte habillée d'exotisme. Ce n'est même pas une spiritualité, c'est une thérapie, un bouclier contre le stress qui promulgue un credo passe-partout acceptable par le plus grand nombre. Comment une doctrine du renoncement peut-elle séduire une société de l'implication mondaine ? En renonçant au renoncement, en le servant sous forme *light* digeste pour nos estomacs délicats, nos ego survoltés. On peut alors y piocher comme dans une boîte de chocolats, en prenant les meilleurs, en rejetant les autres. L'essentiel est que l'emballage reste tibétain, zen ou tantrique.

A travers cet engouement pour l'Orient, autre chose se joue peut-être : l'invention d'un syncrétisme inédit, la réconciliation magique des contraires, de la sérénité et de l'inquiétude, de l'attachement et de l'indifférence, du développement personnel et de l'illusion du moi par le biais d'une croyance minimale. Que sera ce néo-bouddhisme ? Le complément spirituel d'une mondialisation sans esprit, la religion de la fin des religions ? Peut-être. De cette folle étreinte entre l'Est et l'Ouest, contemporaine de l'ère des doctrines faciles, il adviendra quelque chose qui ne ressemblera à rien de connu : surtout pas au bouddhisme authentique, encore trop rigide, trop discipliné, qui sera défiguré, piétiné, victime de son succès. Il en sortira un gigantesque contresens, l'éternelle forme de la nouveauté dans l'Histoire.

CONCLUSION

Le croissant de Madame Verdurin

« Croyez ceux qui cherchent la vérité,
doutez de ceux qui la trouvent. »

André Gide.

Lorsque Madame Verdurin en 1915 apprend la disparition du *Lusitania*, ce paquebot britannique coulé par un sous-marin allemand, elle est en train de déguster son premier croissant de la guerre. La brutalité de cette nouvelle n'atténue en rien le plaisir de retrouver ce goût si familier.

Madame Verdurin, souffrant pour ses migraines de ne plus avoir de croissant à tremper dans son café au lait, avait fini par obtenir de Cottard une ordonnance qui lui permît de s'en faire faire dans certain restaurant dont nous avons parlé. Cela avait été presque aussi difficile à obtenir des pouvoirs publics que la nomination d'un général. Elle reprit son premier croissant le matin où les journaux narraient le naufrage du *Lusitania*. Tout en trempant le croissant dans le café au lait et donnant des pichenettes à son journal pour qu'il pût se tenir grand ouvert sans qu'elle eût besoin de détourner son autre main des trempettes, elle disait : « Quelle horreur, cela dépasse en horreur les plus affreuses tragédies. » Mais la mort de tous ces noyés ne devait lui apparaître que réduite au milliardième car tout en faisant, la bouche pleine, ces réflexions désolées, l'air qui surnageait sur sa figure, amené là probablement par la saveur du croissant, si précieux contre la migraine, était plutôt celui d'une douce satisfaction [1].

---

1. Marcel Proust, Pléiade, Gallimard, tome III, pp. 772-773

Hypocrite, Madame Verdurin? Non! Simplement humaine, terriblement humaine et il ne faut pas se laisser prendre ici à l'ironie proustienne. Car nous ne sommes jamais heureux qu'au milieu de la détresse des autres, dans l'omission provisoire de ce qui nous ronge, dans le gommage du lourd souci qui oblitère les fronts. Nous rions et aimons à l'instant où des millions d'hommes souffrent et agonisent de la même façon qu'à l'heure de notre trépas, de notre souffrance, des millions d'individus qui ne nous connaissent ni ne nous aiment s'amuseront et jouiront. Nous sommes tous des Madame Verdurin sous ce chapitre car il n'y a pas concordance des temps entre les différentes parties de l'humanité ni même à l'intérieur d'un simple groupe humain : la joie de nos amis quand nous sommes en proie à un chagrin ou un deuil peut nous blesser comme une insulte. Et la diffusion instantanée des nouvelles autour du globe n'y change rien : la vision d'une famine au Journal de 20 heures n'a jamais empêché personne de manger de bon appétit.

Gardons-nous du contresens si fréquent de la contagion positive qui ferait dépendre nos félicités de celles d'autrui et par extension de la société entière. Il faut opérer ici un changement d'échelle : nous ne vivons pas isolés mais dans des compagnies restreintes, nos familles, nos proches, notre village, notre région qui déterminent nos humeurs et nos joies. Ce qui nous définit, disait Hume, ce n'est pas l'universalité, c'est la partialité[1],

---

1. Cité par Philippe Raynaud in *Politesse et Sincérité*, Editions Esprit, 1984, p. 85.

une combinaison d'égoïsme et de sympathie, un angle très particulier sur la vie d'autant plus impérieux qu'il s'ignore comme tel. Notre perception funeste ou gaie de l'état des choses est souvent conditionnée par cet environnement étroit qui nous influence autant que nous l'influençons. Il y a donc un bonheur suscité par les autres mais dont le cercle se limite à quelques intimes et ne rayonne jamais jusqu'aux confins de la terre. L'idéal serait bien sûr de concilier agrément personnel et collectif et de s'accomplir dans un monde d'où toute oppression et misère auraient été bannies. Qu'à l'horizon de chaque moment de joie, il y ait une envie de rendre l'humanité meilleure, de partager cette allégresse avec tous est exact. Mais s'il fallait que les injustices s'estompent pour accéder au « nirvana », nous ne pourrions même pas esquisser un sourire sur nos lèvres. L'horreur, l'abomination nous environnent mais nous vivons, prospérons et nous avons raison car cette insensibilité est indispensable à l'équilibre. Sous quelque angle qu'on le prenne, il n'est de bonheur que dans l'insouciance, l'inconscience et l'innocence, ces rares instants soustraits à l'inquiétude, aux alarmes. Nous ne sommes heureux qu'en dépit : en dépit d'un ami qui souffre, d'une guerre qui tue, d'un univers malade et il n'y a nulle honte à en avoir car il y aura toujours des calamités, des massacres qui renverront l'état social parfait aux calendes.

Il en découle toutefois une conséquence : parce qu'il est l'expression d'un détachement salvateur, qu'il prétend échapper aux maléfices de la durée, geler le devenir, le bonheur ne saurait être la fin ultime des sociétés humaines ni le fondement de l'action. Il faut comme la souffrance le subordonner à la liberté. Ces moments de coïncidence avec soi-même et d'harmonie avec la nature, ces pages de lumière qui transfigurent notre existence, nous ne pouvons fonder sur elles ni une morale, ni une politique ni un projet. S'il faut apprendre aux hommes à résister à leurs inclinations, c'est que toutes les fins ne sont pas compatibles et qu'il faut les hiérarchiser, en exclure certaines qui nous étaient chères. Il est des circonstances où la liberté peut se montrer plus importante que le bonheur, le sacrifice que la tranquillité. L'idée propre à Condorcet d'une «chaîne indissoluble» entre vertu, justice, raison et jouissance n'est pas soutenable. Même si nous pouvons postuler que tous les biens sont liés à travers l'unité d'une vie (Charles Taylor), ils entrent nécessairement en conflit dès que nous tentons de les réaliser. C'est pourquoi la politique est de l'ordre de la prudence, non du sublime, c'est pourquoi l'histoire reste tragique et nous salit tous, quel que soit notre engagement personnel. Rêver d'un épanouissement simultané des idéaux humains est une aimable chimère : l'écartèlement est notre destin, nous sommes voués à la dissonance, à la compétition des valeurs dernières qui se révèlent inconciliables.

Enfin, il est peut-être temps de dire que le «secret» d'une bonne vie, c'est de se moquer du bonheur : ne jamais le chercher en tant que tel, l'accueillir sans se demander s'il est mérité ou contribue à l'édification du genre humain; ne pas le retenir, ne pas regretter sa perte; lui laisser son caractère fantasque qui lui permet de surgir au milieu des jours ordinaires ou de se dérober dans les situations grandioses. Bref le tenir toujours et partout pour secondaire puisqu'il n'advient jamais qu'à propos d'autre chose.

Au bonheur proprement dit, on peut préférer le plaisir comme une brève extase volée au cours des choses, la gaieté, cette ivresse légère qui accompagne le déploiement de la vie, et surtout la joie qui suppose surprise et élévation. Car rien ne rivalise avec l'irruption dans notre existence d'un événement ou d'un être qui nous ravage et nous ravit. Il y a toujours trop à désirer, à découvrir, à aimer. Et nous quittons la scène sans avoir à peine goûté au festin.

TABLE DES ENCADRÉS

Sur la formule : ça va? 33

Jouissances irréfutables 66

Les abonnés au guignon 81

La transfiguration de la routine 94

L'utopie du *fun* 113

Une terreur délicieuse 126

Les prisons du calendrier 145

Les deux états de la fête 151

Fadeur des prières exaucées 174

Un gène du bonheur? 181

Toute une vie bien ratée 190

Fitzgerald ou le salut par les riches 199

La chute des étoiles 210

Médecins et patients 229

Amour n'est pas compassion 238

Succès du bouddhisme en Occident? 262

TABLE DES CHAPITRES

INTRODUCTION. *La pénitence invisible* 11

Première partie
LE PARADIS EST LÀ OÙ JE SUIS

I. La vie comme songe et mensonge 23

Un chrétien est un homme de l'autre monde (Bossuet), 23. — La souffrance bien-aimée, 34.

II. L'âge d'or et après? 43

Une merveilleuse promesse, 43. — Les ambivalences de l'Eden, 48. — Persévérance de la douleur, 52.

III. Les disciplines de la béatitude 57

Les enchantements volontaires, 60. — Une coercition charitable, 67. — Santé, sexualité, anxiété, 71. — L'adieu à l'insouciance, 75. — Le chemin de croix de l'euphorie, 82.

Deuxième partie
LE ROYAUME DU TIÈDE
OU L'INVENTION DE LA BANALITÉ

IV. L'épopée douce-amère de la grisaille 89

La délivrance et le fardeau, 90. — L'inertie frénétique, 96.

V. Les extrémistes de la routine   105

Les martyrs du fade, 105. — *L'empereur de la vacuité*, 108. — *La passion météo*, 112. — *Les aventures du corps malade*, 120.

VI. La vraie vie n'est pas absente   129

Les rendez-vous manqués avec le destin, 129. — *Le poison de l'envie*, 135. — *La mystique des points culminants*, 139. — *Jardinage ou radicalité ?*, 144. — *La divine déraison*, 148.

Troisième partie

LA BOURGEOISIE OU L'ABJECTION DU BIEN-ÊTRE

VII. Ce gras et prospère élevage du moyen, du médiocre .   157

Il faut être moine ou soldat, 157. — *La guerre : pourquoi pas ? Ce serait amusant !*, 162. — *Amer triomphe*, 169.

VIII. Le bonheur des uns et le kitsch des autres   177

Un gouffre sans fond, 177. — *Les stratégies de l'usurpateur*, 180. — *Pour un kitsch salvateur*, 184.

IX. Si l'argent ne fait pas le bonheur, rendez-le !   193

Les riches sont-ils le modèle du bonheur ?, 193. — *Le préférable et le détestable*, 198. — *Une virtualité sans limites*, 202. — *Une nouvelle morale de la frugalité ?*, 205.

Quatrième partie

LE MALHEUR HORS LA LOI ?

X. Le crime de souffrir   215

La propagation du déchet, 217. — *Vers une nouvelle culture de la souffrance ?*, 225. — *Faire lien par l'épreuve partagée*, 228. — *Les* victimes ou les passeurs de frontières, 234. — Révolutions minuscules, 236.

XI. L'impossible sagesse 241

Y a-t-il un enseignement de la douleur ?, 241. — Les suppliciés magnifiques, 248. — Des armistices provisoires, 255.

CONCLUSION. **Le croissant de Madame Verdurin** 265

Table des encadrés 275

Du même auteur :

Romans et récits

MONSIEUR TAC, Sagittaire, 1976 ; Folio, Gallimard, 1986.

LUNES DE FIEL, « Fiction et Cie », Seuil, 1981 ; Points Roman n° 75.

PARIAS, « Fiction et Cie », Seuil, 1985 ; Points Roman n° 270.

LE PALAIS DES CLAQUES, Points-Virgule, Seuil, 1986.

LE DIVIN ENFANT, Seuil, 1992 ; Points Roman, 1994.

LES VOLEURS DE BEAUTÉ, Grasset, 1997. (Prix Renaudot).

Nouvelles

LES OGRES ANONYMES, Grasset, 1998.

Essais théoriques et critiques

CHARLES FOURIER, « Écrivains de toujours », Seuil, 1975.

LE NOUVEAU DÉSORDRE AMOUREUX *(en collaboration avec Alain Finkielkraut)* « Fiction et Cie », Seuil, 1977 ; Points Actuels, 1979.

AU COIN DE LA RUE L'AVENTURE *(en collaboration avec Alain Finkielkraut)*, « Fiction et Cie », Seuil, 1979 ; Points Actuels, 1982.

LE SANGLOT DE L'HOMME BLANC, « L'histoire immédiate », Seuil, 1983 ; Points Actuels, 1986.

LA MÉLANCOLIE DÉMOCRATIQUE, « L'histoire immédiate », Seuil, 1990 ; Points Actuels, 1992.

LE VERTIGE DE BABEL, COSMOPOLITISME ET MONDIALISME, Arléa, 1994.

LA TENTATION DE L'INNOCENCE, Grasset, 1995 (Prix Médicis).